U0442623

马良怀 著

CONFUSION BETWEEN
DECLINE AND RECONSTRUCTION
—— RESEARCH ON THE WEI-JIN DEMEANOR

崩溃与重建中的困惑

魏晋风度研究

（第二版）

中国社会科学出版社

图书在版编目（CIP）数据

崩溃与重建中的困惑：魏晋风度研究/马良怀著.—2版.—北京：中国社会科学出版社，2018.2（2019.9 重印）
ISBN 978-7-5203-1413-8

Ⅰ．①崩…　Ⅱ．①马…　Ⅲ．①中国历史-研究-魏晋南北朝时代　Ⅳ．①K235.07

中国版本图书馆 CIP 数据核字（2017）第 273975 号

出 版 人	赵剑英
责任编辑	宋燕鹏
责任校对	夏慧萍
责任印制	李寡寡
出　　版	中国社会科学出版社
社　　址	北京鼓楼西大街甲 158 号
邮　　编	100720
网　　址	http：//www.csspw.cn
发 行 部	010-84083685
门 市 部	010-84029450
经　　销	新华书店及其他书店
印　　刷	北京君升印刷有限公司
装　　订	廊坊市广阳区广增装订厂
版　　次	2018 年 2 月第 2 版
印　　次	2019 年 9 月第 2 次印刷
开　　本	710×1000　1/16
印　　张	11.75
插　　页	2
字　　数	163 千字
定　　价	49.00 元

凡购买中国社会科学出版社图书，如有质量问题请与本社营销中心联系调换
电话：010-84083683
版权所有　侵权必究

目　录

导论 …………………………………………………………… 1

上编　崩溃篇

第一章　异端学说发难 ………………………………………… 29

第二章　自然灾异作祟 ………………………………………… 37

第三章　儒家经学途穷 ………………………………………… 49

第四章　士大夫失去依托 ……………………………………… 59

第五章　皇帝遭到抛弃 ………………………………………… 69

第六章　死神唤醒了人 ………………………………………… 77

下编　重建篇

第一章　道本儒末的理论模式 ………………………………… 95

第二章　越名教而任自然的理论模式 …………………… 109

第三章　内圣外王的理论模式 ………………………………… 124

第四章　三教互补的理论模式 ………………………………… 142

余论 …………………………………………………………………… 168

后记 …………………………………………………………………… 182

导　论

　　魏晋是我国历史上的一个动荡不安、多灾多难的时代，曹魏代汉，司马晋代魏，八王之乱，五胡乱华，王敦、苏峻之叛，等等，灾祸迭起，死人无数。然而，魏晋又是一个"礼崩乐坏"，多姿多彩的时代，士大夫一个个宽衣大袖，倜傥风流，手持麈尾，口吐玄言，服药行散，饮酒长啸，更甚者则散发垢面，裸袒箕踞，与猪共饮。这是我国古代历史上的一幅独放异彩的历史画卷，千百年来，不时地闪烁着它那耀眼诱人的光辉。

　　正因为魏晋人的行为表现独特，所以也就很难得到后世士大夫的理解。早在东晋后期，著名的道教思想家葛洪就在其著作中对此大加抨击："群骄慢傲，不入道检者，为都魁雄伯，四通八达，皆背叛礼而从肆邪僻，讪毁真正，中伤非党。口习丑言，身行弊事。凡所云为，使人不忍论也。"①　"此盖左衽之所为，非诸夏之快事也"②。明清之际的思想家顾炎武对此亦曾痛加贬责："国亡于上，教沦于下，羌戎互僭，君臣屡易，非林下诸贤之咎，而谁咎哉……魏晋人之清谈，何以亡天下？是孟子所谓杨朱之言，至于使天下无父无君，而入于禽兽者也。"③　直到20世纪上半叶，历史又进入了一个崩溃与重建的时期，知识分子中也产生出同魏晋士大夫相类似的心态，魏晋人的独特风姿才逐渐引起学者的广泛重视。思想界的章太炎、鲁迅，哲学界的汤用彤、冯友兰，史学界的陈寅恪、贺昌

---

①　《抱朴子》（外篇）卷二七《刺骄》，中华书局1991年版，第43页。
②　同上书，第29页。
③　陈垣：《日知录校注》卷一三《正始》，安徽大学出版社2007年版，第721页。

群、钱穆，美学界的宗白华，文学界的刘师培、刘大杰，等等，纷纷涌至魏晋历史之中开辟领地，耕耘收获，魏晋人的独特风采才终于为人们所理解。宗白华言："旧礼教的总崩溃、思想和信仰的自由、艺术创造精神的勃发，使我们联想到西欧十六世纪的文艺复兴。""这是强烈、矛盾、热情、浓于生命彩色的一个时代。""只有这几百年间（指汉末魏晋六朝）是精神上的大解放，人格上思想上的大自由。人心里面的美与丑、高贵与残忍、圣洁与恶魔，同样发挥到了极致"①。冯友兰亦云：晋人的精神面貌具有一种"超越感、解放感"②。鲁迅在 1927 年的一次题为《魏晋风度及文章与药及酒之关系》的演讲中，详细地讲述了魏晋人的各种特异风姿，并指出这种风采是由政治的黑暗和士大夫心中的痛苦所铸造的。兹后，许多学者沿用"魏晋风度"这一概念从哲学、美学、文学、史学、思想、文化等各个角度对魏晋人的独特风采进行研究探索，并获取了丰硕的成果。尽管如此，我总觉得有点言犹未尽，故决定在他人研究的基础上，对此再进行一次新的探索，但愿它是块引玉之砖，而不是画蛇添足之举。

  本书试图从思想文化的角度来探讨"魏晋风度"这一特殊的历史现象，因此在对"魏晋风度"的论说之先，有必要对中国古代思想的发展作一次粗略的勾画。

  我认为，在中国古代社会的思想史上，曾经发生过两次巨大的变革：一是自春秋战国时代的百家争鸣经《荀子》《吕氏春秋》《淮南鸿烈》至董仲舒而整合成为天人感应神学；二是自魏晋玄学经三教互补、三教合流至宋代理学家们而整合成为理学。由天人感应神学向理学的转变是古代思想上一次由宇宙观向人的本体论，由世俗世界向精神世界，由外在的行为规范——"礼"向内在的伦理道德——"理"的巨大转折。

---

① 宗白华：《美学与意境》，人民出版社 1987 年版，第 189 页。
② 《中国哲学史新编》第 4 册，人民出版社 1986 年版，第 207 页。

关于第一次变革，今人李泽厚于其《秦汉思想简议》中曾作了系统的论述，现略参已见以申述之：

统一的中央专制集权制度虽然出自秦始皇之手，但始皇帝并没有为这种制度的生存发展提供足够的理论依据。直到汉武帝时，董仲舒才为大一统的中央专制集权制度提交出一套体系完备的理论，这个理论就是所谓的"天人感应"学说。

董仲舒的理论是自荀况、《吕氏春秋》以降将儒家学说作为主干而与道、法、阴阳等诸子学说进行融合趋向的继续和终结。董仲舒"竭力把人事政治与天道运行附会而强有力地组合在一起，其中特别是把阴阳家作为骨骼的体系构架分外地凸显出来，以阴阳五行（"天"）与王道政治（"人"）互相一致而彼此影响即'天人感应'作为理论轴心，一切环绕它而展开"①。从而建立起中国人所特有的宇宙观和思维模式，建立起一整套维护大一统专制集权制度的理论体系。

在专制集权的社会里，皇帝是至高无上的权威，是整个社会的支撑点。所以，董仲舒在其理论体系中要千方百计地拔高、神化皇帝，"君权神授"的观念便成了"天人感应"学说的核心内容。首先，董仲舒应用各种迷信说教，将天打扮成一个有感情、有意志、无所不能的"百神之大君"②，认为天是"群物之祖"③，所有的自然现象都是天神的有目的活动，是天神意志的体现。接着他宣布，皇帝是天神在人间的代理人，是天的"大使者"。④"唯天子受命于天，天下受命于天子"⑤。《春秋繁露·王道通三》进一步指明说：

人主立于生杀之位，与天共持变化之势，物莫不应天化。

---

① 李泽厚：《中国古代思想史论》，人民出版社1986年版，第145页。参见金春峰《汉代思想史》，中国社会科学出版社1987年版。
② 《春秋繁露·郊义》，中华书局1992年版，第402页。
③ 《汉书》卷五六《董仲舒传》，中华书局1962年版，第2515页。
④ 同上书，第2500页。
⑤ 《春秋繁露·为人者天》，中华书局1992年版，第319页。

> 天地之化如四时。所好之风出，则为暖气而有生于俗，所恶之风出，则为清气而有杀于俗。喜则为暑气而有养长也，怒则为寒气而有闭塞也。人主以好恶喜怒变习俗，而天以暖清寒暑化草木。喜怒时而当则岁美，不时而妄则岁恶。天地人主一也。

人君若有错误过失，天就出现灾异以谴告之，令其改正，"凡灾异之本，尽生于国家之失。国家之失乃始萌芽，而天出灾异以谴告之。谴告之而不知变，乃见怪异以惊骇之，惊骇之尚不知畏恐，其殃咎乃至"①。如此一来，天人相通，君权神授，天神与君王都被涂抹上一层神秘的色彩，天下众人则成了受其支配使唤的奴仆，由于天人之间彼此交通感应，人类社会与自然世界紧紧地联结在一起，这便协调了人与自然（天、神）的关系，消除了人在自然界面前所具有的渺小、自卑的心理压力。

在专制集权的社会里，贵贱高下等级甚严，为了维护这一统治秩序，董仲舒将荀况关于"礼"的学说作为一个重要的组成部分而纳入了他的天人感应理论体系。《春秋繁露·奉本》云："礼者，继天地，体阴阳，而慎主客，序尊卑贵贱大小之位，而差内外远近新旧之级者也。"人们应该用礼来约束自己的言行，"君子非礼而不言，非礼而不动。好色而无礼则流，饮食而无礼则争，流争则乱。夫礼，体情而防乱者也。民之情，不能制其欲，使之度礼"。② 在这里，董仲舒所强调的是用一种外在的行为规范——即"礼"来约束人们的行为，进而维护其社会的统治秩序。此与后来的宋明理学强调伦理道德的作用大异。

强调群体，注重社会，突出君王，是天人感应学说一个显著特点。

---

① 《春秋繁露·必仁且智》，中华书局1992年版，第259页。
② 《春秋繁露·天道施》，中华出局1992年版，第469页。

> 人之得天得众者，莫如受命之天子。下至公侯伯子男，海内之心悬于天子，疆内之民统于诸侯①。
>
> 地出云为雨，起气为风。风雨者，地之所为。地不敢有其功名，必上之于天。命若从天气者，故曰天风天雨也，莫曰地风地雨也。勤劳在地，名一归于天，非至有义，其孰能行此？故下事上，如地事天也，可谓大忠矣。土者，火之子也，五行莫贵于土……忠臣之义，孝子之行，取之土。土者，五行最贵者也，其义不可以加矣②。

臣民只有将自己依附于君王之身，融化于群体之中，个体的生命才有意义，个体的价值才能得到确立。而如何才能使个体有效地融化于群体之中而又能充分发挥个体的聪明才智来为专制政权服务呢？这便是天人感应理论体系的另一个重要组成部分：即崇教化、立学官、察举征辟、建立文官之制③。董仲舒言：

> 夫万民之从利也，如水之走下，不以教化堤防之，不能止也。是故教化立而奸邪皆止者，其堤防完也；教化废而奸邪并出，刑罚不能胜者，其堤防坏也。古之王者明于此，是故南面而治天下，莫不以教化为大务。④
>
> 养士之大者，莫大乎太学；太学者，贤士之所关也，教化之本原也……臣愿陛下兴太学，置明师，以养天下之士，数考问以尽其材，则英俊宜可得矣。⑤

---

① 《春秋繁露·奉本》，中华书局1992年版，第287页。
② 《春秋繁露·五行对》，中华书局1992年版，第316页。
③ 两汉察举、征辟之制虽发端于文帝，但作为一种完备的制度且纳入天人感应的理论体系，却是武帝时的董仲舒。班固言"自武帝初立，魏其、武安侯为相而隆儒矣。及仲舒对册，推明孔氏，抑黜百家。立学校之官，州郡举茂材孝廉，皆自仲舒发之。"（《汉书》卷五六《董仲舒传》）《西汉会要》卷四五《选举下》亦云："州郡举茂材孝廉，皆自发之。"
④ 《汉书》卷五六《董仲舒传》，中华书局1962年版，第2503页。
⑤ 同上书，第2511页。

> 臣愚以为使诸列侯、郡守、二千石各择其吏民之贤者,岁贡各二人以给宿卫,且以观大臣之能;所贡贤者有赏,所贡不肖者有罚。夫如是,诸侯、吏二千石皆尽心于求贤,天下之士可得而官使也。①

由"孝悌"、读经出身经推荐考核而入世干进求禄,建功立业,不仅是为专制皇权提供了行政支柱,而且也是当时士大夫确立个体价值的主要途径。"修身、齐家、治国、平天下"有机的结构成了一个不可分割的整体。

现在可以回过头来对天人感应神学的理论体系作一个简单的归纳:天人彼此交通感应是其理论的基石,"君权神授"是其核心,外在的行为规范——礼、群体融化个体、察举征辟之制是其理论体系的几大重要支柱。

关于第二次变革,目前学术界尚未有人对此做出系统的探讨和论述,而其工程量又十分浩大,非本文所能详尽,这里只能就其发展过程和基本理论作一个简单粗略的勾画。

随着东汉王朝的灭亡,天人感应的神学亦全面崩溃。旧的权威思想倒塌了,必然要建立一种新的权威思想来作为人们的精神支柱,指导人们的行为,否则人们就难以从混乱不堪之中解脱出来。于是魏晋时代的士大夫便历史地承担起建构新的精神支柱的艰巨任务,这就是魏晋玄学产生的主要背景。

作为新的权威思想,它必须植根于现实土壤之中,抓住人们不可遏制的需求和不堪忍受的焦虑予以解决,必须在稳定人们情绪、指导人们的行为上发挥出巨大的作用。否则,它就不可能成立。

经过东汉末年的社会大动荡,唤醒了人的自我意识,而天人感应神学的崩溃,又为人的精神世界的开拓和发展扫清了束缚和障碍。因此,各种以人为中心的重大问题也就纷至沓来,致使人们头

---

① 《汉书》卷五六《董仲舒传》,中华书局1962年版,第2513页。

晕目眩，不知所措。所以，新的权威思想的建构从一开始就以人为核心，由此而展开了人本体的全面探索。曹魏正始年间的何晏、王弼等人可以说是这次探索的先行者，他们所建构的"道本儒末"理论模式将强调个体人格的道家学说同崇尚社会功能的儒家学说糅合在一起，实际上就是为了调和觉醒了的人与动荡不安的社会之间的矛盾，使二者得到协调统一。十分明显，这个理论式的核心是人，而所谓的本末、有无、子母、体用等问题的提出和争辩，都是围绕着人的问题而展开的。遗憾的是司马氏的屠刀夭折了这次有益的探索。代之而起的是竹林名士所建构的"越名教而任自然"的理论模式，鉴于司马氏集团对正始名士的肆意残杀，该模式完全转向个体的精神超越和理想人格的塑造，具有明显的反传统、反社会的特征。它否定王权、抛弃儒学礼法，把个体的精神超越与存在的社会现实置于对立的矛盾冲突之中，带有浓厚的理想色彩。它的出现，对于深化和推动人本体的探索起了很大的作用。不过，由于它完全不顾现实社会的存在，因此也就决定它不可能成为新的权威思想。于是，向秀、郭象等人建构的"内圣外王"理论模式出矣。它抛弃了前一个模式的空想，上接"道本儒末"模式的要旨予以发展和创新，将个体与社会、名教与自然、内在的精神超越与外在的干进求禄等糅合在一起，从而解除了人们长期与社会对抗而产生出来的困惑和焦虑，成为东晋士大夫所奉行的指导思想。然而，在这个理论模式之中还存在着一些大的缺陷，如人同神（自然）的联系问题，死亡恐惧，即人的归宿问题，等等，在这个模式之中没有得到令人满意的解答。于是，另一个更为完善的理论模式——"三教互补"模式便在东晋后期葛洪、张湛等人的努力下建构出来并取代了"内圣外王"模式的位置。本来葛洪和张湛分别根据各自的宗教信仰建构出来的是"道儒互补"和"佛儒互补"两种模式，然而社会所接受的却是二者的综合——儒、道、佛三教互补。这是因为三者都有其存在的合理性：儒家重现实，重人事，重社会功能，社会秩序，重入世干进求禄，建功立业。所以，要想协调人与社会的关系，从而使个体有一个安全点，个体的价值有地方得到确立进而消除生命的恐惧，名教礼法是绝对不可丢失的；道教强调人生的享乐、现实的纵情，且备有长生之方、登仙之术，沟通了人与神的联系。这比较符合国人的民族文化心理，况且此教以道家学说为依托，道家的学术思想也就自然成了道教的重要组成部分。人们可由此来超凡脱俗，逍遥神游，求得精神上的充实和超越；佛教致力于解决我国固有文化中难以解决的问题——人生归宿问题，从而有可能稀释、消除人们对于死亡的恐惧。同时，该教之中所蕴含的抽象思辨、深邃哲理对于注重精神享受的士大夫来说具有强大的吸引力。所以，三教互补模式的出现，既协调了人与社会的关系，沟通了人同神的联系，又比较成功地解决了人们长期思考的诸如生死、理想人格、价值观念、人生意义、出世与入世等关于人的重大问题。作为一种新的权威思想，其基本框架已经具备①，余下的是如何将三教有机地融为一体，如何消除外来文化同传统理性的矛盾冲突，如何使个体的欲求与社会的规范协调一致等问题得到解决。这便是后来的"三教合流"和"理学"产生的根本原因和它们所承担的主要任务。

　　由于三教互补模式没有解决儒、道、佛三教的协调一致问题，三教都具有其独立的理论体系，所以往往出现矛盾。尤其是固有文化同外来文化的矛盾，有时候表现得十分激烈。南北朝时期，社会始终动荡不安，人们的生命缺乏保障，生死问题显得分外突出，故佛教势力大盛，大有压倒民族文化之势。同时，佛教的兴盛导致寺院增多，大量的土地和劳力便为佛寺所侵占，同国家产生了争夺土地和劳力的矛盾，终于发生了北魏太武帝和北周武帝的毁佛事件。但是，由于固有民族文化之中缺少关于人的归宿的系统理论，而当时又处于多难之秋，所以尽管佛教势力遭此厄运，但犹如荒原的野草，"春风吹又生"。社会的需求远比权威人士的主观意志顽强有力得多，三教互补的理论模式仍然保持了它那旺盛的生命力。

---

① 关于魏晋士人所建构的四大理论模式，本著下篇之中将做详细论述。

隋朝结束了数百年的分裂混乱局面，然帝祚短暂，很快就结束了自己的历史，没有来得及在理论上多作考虑。直到唐代，重新恢复了稳定的大一统局面，儒家的思想自然受到统治者的特别青睐。贞观六年，"以孔子为先圣，颜氏为先师，尽召天下惇师老德以为学官"①。随后又恢复儒家经学传统，刊定《五经正义》，科举制中也设有明经科等等。但是，唐前期的统治者并没有以此来合流三教，消除三者之间的矛盾冲突。他们为大唐的辉煌业绩所兴奋，所陶醉，没有拿出足够的精力进行理论方面的建设，三教互补仍被作为一种权威思想为人们所敬奉。虽然统治者时而抬高道教，时而抬高佛教，但那都是出于政治的需要，并不是理论上的思考和探索。"渔阳鼙鼓动地来"，"安史之乱"惊破了盛唐的"霓裳羽衣曲"，无情的战乱再一次将社会推进混乱分裂的局面之中。经过肃、代、德、顺、宪宗等几代人的努力，总算使局势趋于缓和，出现了一个较为安定的社会环境。人们于混乱之中清醒过来，开始了对历史的反思和检讨，思索寻找"安史之乱"的根源，由于这场灾难是出身于少数民族的军阀发动的，也就自然引起人们对外来文化——佛教的仇视。宪宗元和十四年，韩愈上《论佛骨表》云：

> 汉明帝时，始有佛法。明帝在位，才十八年耳，其后乱亡相继，运祚不长，宋、齐、梁、陈、元、魏以下，事佛渐谨，年代尤促……事佛求福，乃更得祸。由此观之，佛不足事，亦可知矣。……夫佛本夷狄之人，与中国言语不通，衣服殊制。口不言先王之法言，身不服先王之法服，不知君臣之义，父子之情。……乞以此骨付之有司，投诸水火，永绝根本，断天下之疑，绝后代之惑。使天下之人，知大圣人之所作为，出于寻常万万也，岂不盛哉，岂不快哉！

---

① 《新唐书》卷一九八《儒学列传》序，中华书局1975年版，第5636页。

韩愈之先，亦曾有人——如傅奕、姚崇等提出过类似的观点，但只是一种民族文化与外来文化的矛盾冲突而已，他们并没有企图从理论上改变三教并立，不分主次的局面，所以对三教互补的理论模式并没有造成多大影响。韩愈则不然，他是要恢复儒学的统治地位，结束三教互补这种不分主次的局面。他同李翱经过认真的思考，开始了以民族文化——儒学为主干的三教合流的新建构。尽管他们的本意是要重振儒学在思想领域的统治地位，以此来排斥佛、道（尤其是佛）二教，但客观上他们又不得不引进、容纳佛、道二教中的许多理论，由此而产生出来的便成了三教合流的模式。

韩愈为了恢复儒学的正统地位，先后撰写出《原道》《原性》《原人》《原鬼》《原毁》等五篇论著，作为新建构的理论纲领。其中《原道》是总纲，余下的四篇各有侧重点：《原性》重在探讨论说人的本质；《原毁》重在论证依靠道德的力量来协调人与人的关系和创造一个严于律己、宽以待人的社会环境的重要性；《原人》重在突出人的崇高地位（《原人》中的人并非指所有的人，而是指华夏之人，即能遵从儒家礼法的人）；《原鬼》重在阐述儒家圣人的鬼神观念，以此来排斥佛道二教的鬼神论。韩愈所抛出的理论纲领的中心内容在于突出儒家学说在重建中的主导地位，《原道》云：

> 夫所谓先王之教者何也？博爱之谓仁，行而宜之之谓义，由是而之焉之谓道，足乎己无待于外之谓德。其文《诗》、《书》、《易》、《春秋》，其法礼乐刑政，其民士农工贾，其位君臣父子师友宾主昆弟夫妇，其服麻丝，其居宫室，其食粟米果蔬鱼肉，其为道易明，而其为教易行也。是故以之为己则顺而祥，以之为人则爱而公，以之为心则和而平，以之为天下国家无所处而不当。是故生则得其情，死则尽其常，效焉而天神假，庙焉而人鬼享。

需要指出的是，韩愈所高扬的儒学既不是两汉儒学，也不是先秦的荀子之学，而是孟轲之学。他于《原道》中明确宣布，他要建立的儒学道统，就是要上接孟轲之道：

> 斯道也，何道也？曰：斯吾所谓道也，非向所谓老与佛之道也。尧以是传之舜，舜以是传之禹，禹以是传之汤，汤以是传之文武周公，文武周公传之孔子，孔子传之孟轲，轲之死，不得其传焉。荀与扬也，择焉而不精，语焉而不详。

韩愈为何要否定两汉和荀况之儒学而承袭孟轲之道呢？透过李泽厚于《荀易庸记要》中对孔、孟、荀三家学说特点的归纳，我们可以窥见个中奥秘，李泽厚云：

> 孔孟荀均共同处是，充分注意了作为群体的人类社会的秩序规范（外）与作为个体人性的主观心理结构（内）相互适应这个重大问题，也即是所谓人性论问题。他们的差异处是，孔子只提出仁学的文化心理结构，孟子展示了这个结构中的心理和人体人格价值的方面，它由内而外。荀子则强调发挥了治国平天下的群体秩序规范的方面，亦即强调阐解"礼"作为准绳尺度的方面，它由外而内。①

这就十分清楚了，因为韩愈所从事的"三教合流"理论模式的建构仍然是魏晋玄学以来对人本体的探索的继续和发展，而关于人的理论在荀学和两汉儒学中都显得单薄贫乏（董仲舒的天人感应神学主要是以荀况之学为蓝本，强调的是由外向内的群体秩序规范，抛弃了突出个体人格价值的孟轲之学，所以说两汉无道统），而在孟轲的学说之中却可以得到收获，所以，韩愈要上接孟子之道。

应该指明的是，韩愈虽上接突出个体人格价值的孟子之道，但

---

① 《中国古代思想史论》，人民出版社1986年版，第109页。

并非否定外在的群体秩序规范，恰恰相反，他十分强调现存的统治秩序，《原道》云：

> 君者，出令者也。臣者，行君之令而致之民者也。民者，出粟米麻丝、作器皿、通货财以事其上者也。君不出令，则失其所以为君；臣不行君之令而致之民，则失其所以为臣；民不出粟米麻丝、作器皿、通货财以事其上，则诛。

与荀况、董仲舒等人的殊异就在于：荀、董等人是用外在的权威（礼）来约束人们的行为，迫使人们承认现实合理性；而韩愈则主要是从伦理的角度，在每个人的心灵上建立起现实的合理性的观念，促使人们自觉地遵守群体的秩序规范。"博爱之谓仁，行而宜之之谓义"①。仁存于内心，义现于外表，外在的行为则是由内在伦理的力量来支配的。韩愈从儒家经典《礼记》中找出《大学》篇来对自己的理论加以论证：

> 传曰："古之欲明明德于天下者，先治其国；欲治其国者，先齐其家；欲齐其家者，先修其身；欲修其身者，先正其心；欲正其心者，先诚其意"。然则古之所谓正心而诚意者，将以有为也。②

很明显，韩愈在对人的探索中，已开始提高了伦理的地位。他所谓的"道"，"多富于伦理的性质，或与伦理相结合的典章制度等政治原则的范畴"③。伦理道德已经成为韩愈协调社会与个人关系的主要工具。

与韩愈同时代的李翱对韩的理论予以进一步的发展，其主要贡

---

① 韩愈：《原道》，见《全唐文》卷五五八，中华书局1987年版，第5648页。
② 同上书，第5649页。
③ 《中国思想通史》第4卷（上），人民出版社1980年版，第333页。

献集中表现在其三篇《复性书》（上、中、下）中。

人的觉醒，导致了人本体的全面探讨，然而传统儒学之中，关于人的学说却十分薄弱，故汉末魏晋以来，人们"谓夫子之徒不足以穷性命之道"而"皆入庄列老释"之中去探讨"性命之源"。现在李翱要想在合流三教之中建立起儒学的主导地位，首先必须改变这一历史现象。为此，他于《复性书上》中宣称，儒家也有探讨"性命之源"的著作，这就是子思根据其祖父——孔子的思想而撰写的《中庸》47篇。只不过此书遭秦火而仅存一篇，且汉儒又不得要领，"其教授者，唯节文章句，威仪，击剑之术相师焉"，导致"性命之源"失传。现在他要恢复《中庸》"性命之书"的本来面目，并予以论说发展，使儒学的"缺绝废弃不扬之道"①得到传播，确立儒学的主导地位。

在如何协调个体与社会的关系方面，李翱比韩愈更加推崇伦理道德的作用：

> 天地之间，万物生焉。人之于万物，一物也。其所以异于禽兽虫鱼者，岂非道德之性全乎哉！受一气而成形，一为物而一为人，得之甚难也。生乎世，又非深长之年也，以非深长之年，行甚难得之身，而不专专于大道，肆其心之所为，则其所以自异于禽兽虫鱼者亡几矣②。

这就是说，人与动物的根本区别就在于人能用伦理道德约束自己的行为。而这种"道德之性"并不是社会强加的，而是每个人与生俱来的本性，只不过是这种与生俱来的本性往往被"喜怒哀惧爱恶欲"这七情"交相攻伐"所掩盖而已。所以，人们只要克服了"情"的干扰，这种道德之性就会得到恢复。恢复的途径是清心寡

---

① 李翱：《复性书上》，见《全唐文》卷六三七，中华书局1987年版，第6434页。
② 李翱：《复性书下》，见《全唐文》卷六三七，中华书局1987年版，第6437页。

欲，"弗虑弗思"，不要被物欲所累。李翱在对《大学》所言的"致知在格物"的解释中，对这一途径说得比较具体：

> 曰："敢问致知在格物，何谓也？"曰：物者万物也，格者来也、至也。物至之时，其心昭昭然明辨焉。而不应于物者，是致知也，是知之至也。知至故意诚，意诚故心正，心正故身修，身修而家齐，家齐而国理，国理而天下平。①

伦理道德的权威一旦在人们心中树立起来，身、家、国、天下就联结成了一个和谐的整体，个体与社会的矛盾自然也就化解了。

尽管韩愈、李翱等为了继续对人的探索而从儒家经典中找出了《大学》《中庸》等来进行理论方面的建设，但儒家经典之中关于人（作为个体的人）的学说毕竟十分贫乏，远不及佛、道二教丰富。所以他们一面攻击、抵制佛道二教，一面又从其中借来理论和方法为己服务。实际上，三教互补模式中的基本内容在韩、李那里并不矛盾，他们只是要取消三教理论的独立性，排除三者之间的矛盾、对抗，以民族文化——儒学为主干，将三教的理论有机地融为一体以此作为一种权威思想来统治人们的心灵，指导人们的行为。但这一目的在韩愈、李翱手中并没有实现，他们毕竟处于草创阶段，所以其合流三教的理论便自然显得粗糙肤浅。即便如此，他们的努力却为宋代理学的诞生奠定了基础，规定了发展的趋向，其功不可抹煞。

韩愈、李翱所进行的"三教合流"的理论探讨在唐人手中并没有得到深入的发展。随后的五代十国，天下大乱，人们东奔西窜、疲于保命求生，更是无暇来进行这项工作。直到宋朝建立之后，周敦颐、邵雍、张载、程颢、程颐、朱熹等人才继承韩愈、李翱所开创的事业，沿着以儒学为主干合流三教的方向深入发展，于是诞生

---

① 李翱：《复性书中》，见《全唐文》卷六三七，中华书局1987年版，第6435页。

了理学，使其自魏晋玄学以来的新的权威思想的建构得到了最后的完成、定型。

冯友兰云："道学（即理学）是讲人的学问。"① 此言确有道理，但应该进一步指明的是，这种"讲人的学问"并不是理学家们所开创，而是自魏晋以来对人的本体进行探索的学术思想（即玄学、三教互补、三教合流）的继续发展，只不过他们是在更高层次上对这个"学问"进行哲学上的论证和理论上的完善而已。诚然，对于佛、道二教，理学家们确有许多的攻击和批判，但他们所批判的只是佛、道二教中否定社会、否定人生的一面，而对于二教中的"合理内核"——关于人的理论，理学家们不仅不予以批判，反而大量地吸收到自己的理论框架之中，成为理学的重要来源（关于理学对于佛道二教的吸收利用，学术界早有大量论述，此不再赘）。所以说理学应是三教合流的产物，应是魏晋玄学以来学术思想发展的必然结果。

从魏晋玄学来说，如何协调统一觉醒了的个体与客观存在的社会之间的关系，是建构新的权威思想的首要任务，何晏、王弼、向秀、郭象、葛洪、张湛等人都曾在他们建构的理论模式中将这一问题摆在首要位置，付出了极大的努力。何晏、王弼的"道本儒末"模式主张"体用一致"，"本末如一"，其目的就在于协调二者的关系，但它又强调"道"（即觉醒了的个体）的主导地位，这就又使二者陷入了矛盾之中。何、王等人并未（或者说未来得及）对此问题做出进一步的探讨。向秀、郭象的"内圣外王"模式和葛洪、张湛的"三教互补"模式虽然解决了内在的精神超越和外在的功名利禄的追求之间的矛盾，将个体同社会在一定程度上统一起来了，但个体的行为如何才能与社会的秩序规范保持一致？也就是说，个体的欲望怎样才能避免同社会的规范准则发生矛盾和冲突？以上两个理论模式对此都未做出解答。后来的韩愈为此抛出了"性三品说"，

---

① 《中国哲学史新编》第5册，人民出版社1986年版，第11页。

李翱为此抛出了"复性说",但都显得十分肤浅,只是为解决这个问题指出了努力的方向——提高伦理道德的作用,而并没有对此问题做出理论上的最后解决。这个重任便历史地落到了宋代理学家们的身上。

既然理学家们的主要任务是协调个体与社会的关系,那么,他们首先就必须要使人们相信、接受这样一种观念:现实社会,现存的规范秩序是合理的。而实现这一目的的最有效的途径是设法沟通人与天的联系,以天来作为自身理论体系的支柱和后盾,这是因为在古代社会里,高深莫测、变化多端的天无疑是最具权威的东西了。正因为如此,无论是周敦颐、张载,还是二程、朱熹,他们在建立自己的理论体系之时,总是要先从世界的本源说起。如周敦颐的"无极"、"太极",张载的"气",二程、朱熹的"天理"等等,表面上他们是在探讨宇宙的起源和演化,但实质上他们是想通过一个本源来沟通人、社会与天的联系,进而论证客观存在的现实,现存的规范秩序是合理的。现仅以周敦颐的《太极图说》为例来窥见其一斑:

> 无极而太极。太极动而生阳,动极而静;静而生阴,静极复动。一动一静,互为其根。分阴分阳,两仪立焉。阳变阴合,而生水、火、木、金、土。五气顺布,四时行焉。五行,一阴阳也;阴阳,一太极也;太极,本无极也。五行之生也,各一其性。无极之真,二五之精,妙合而凝,乾道成男,坤道成女。二气交感,化生万物,万物生生而变化无穷焉。

仅从这一段文字来看,周是在探讨宇宙的本源及其演变程序,其实不然,紧接着,周的笔锋一转,由"无极""太极"转向了"人极":

> 惟人也,得其秀而最灵。形既生矣,神发知矣,五性感动

而善恶分，万事出矣。圣人定之以中正仁义而主静，（自注云，无欲故静）立人极焉。故圣人与天地合其德，日月合其明，四时合其序，鬼神合其吉凶。君子修之吉，小人悖之凶。故曰："立天之道，曰阴与阳；立地之道，曰柔与刚；立人之道，曰仁与义。"又曰："原始反终，故知死生之说。"

读罢这段文字，我们便会明白，周敦颐的重点仍是在探索人，他探索了人自生至死的全过程，而其中的重点又放在以伦理道德的功能和力量来协调个体与社会的关系。文章的开头之所以要来那么一大段讲宇宙本源和演化过程的文字，其目的就在于沟通人与天的联系，使"人极"与"太极"相统一，社会规范与自然规律相结合，用一种神秘的本体将天、地、人、社会有机地统一在一起，进而论证现实的合理。这种做法在二程那里表露得更加明了：

凡眼前无非是物，物皆有理，如火之所以热，水之所以寒，至于君臣父子间皆是理。①
父子君臣，天下之定理，无所逃于天地之间。②

这就是说，无论是天地万物，还是现实社会，都同出于一个本源，即天理。现存的君臣父子之间的等级秩序如同火之所以热、水之所以寒一样，是一种不可改变的东西。

既然现实社会是一个不可改变的合理存在，那么人们对此便只能承认顺从了。但作为万物之灵的人，必然具有喜怒哀惧爱恶等多种情感，以及饮食男女当官发财等多种欲望，而这些情感欲望又时常与社会的规范秩序发生矛盾冲突，如何使二者协调一致，即如何将人们的情感欲望、行为举止纳入封建社会的秩序规范之中予以约

---

① 《河南程氏遗书》卷一九，中华书局1981年版，第247页。
② 《河南程氏遗书》卷五，第77页。

束，便是理学家需要紧接着解决的问题。在这个问题上，他们抛弃了两汉儒学以外在的秩序规范——"礼"来约束人们行为的做法，沿着韩愈、李翱所辨明的提高伦理道德作用的方向继续努力，在人们的心中建立一种内在的权威，依靠伦理道德的力量来约束人们的行为举止，使个体与社会处于和谐的状态之中。如何才能在人们心中建立起内在的权威呢？为此，理学家们将伦理道德高扬到本体的高度：

> 乾于天为阳，于地为刚，于人为仁；坤于天则阴，于地则柔，于人则义①。
>
> 阴阳，刚柔，仁义，所谓性命之理②。
>
> 性者，人之所得于天之理也；生者，人之所得天之气也。性，形而上者也；气，形而下者也。人、物之生，莫不有是性，亦莫不有是气。然以气言之，则知觉运动，人与物若不异也；以理言之，则仁、义、礼、智之禀，岂物之所得而全哉？此人之性所以无不善，而为万物之灵也。③

理学家们的意思十分明显，即封建的伦理道德观念不是社会强加给人们的，而是人们生来就具备了的本性，只不过"因物有迁，迷而不知"④而已。所以，人们只要"穷理尽性"，"格物致知"，那种天生的禀性就会显露出来，内在的权威也就自然在每个人的心中建立起来了。

如果人生的各种情感欲望都要服从天理，都要受到封建道德规范的束缚、压抑，甚至扼杀，那么，人生还有什么意义呢？这便是理学家最终要解决的重大课题，即所谓的"寻孔颜乐处"。程颐曾

---

① 张载：《易说·系辞下》，见《张载集》，中华书局1978年版，第225页。
② 张载：《易说·说卦》，第235页。
③ 《河南程氏遗书》卷二五，中华书局1981年版，第316页。
④ 朱熹：《孟子集注·告子》，中华书局1982年版，第326页。

对其门生说:"昔吾受《易》于周子(即周敦颐),使吾求仲尼、颜子之所乐。要哉此言!二三子志之。"① 可见理学家们对"孔颜乐处"的注重。那么,究竟什么是孔颜乐处呢?程颢于《识仁篇》云:

> 学者须先识仁。仁者浑然与物同体,义、礼、知、信皆仁也。识得此理,以诚。敬存之而已,不须防检,不须穷索。若心懈则有防,心苟不懈,何防之有?理有未得,故须穷索,存久自明,安待穷索?此道与物无对,大不足以名之。天地之用,皆我之用。孟子曰:"万物皆备于我",须反身而诚,乃为大乐。

这就是说,一旦人们自觉地用伦理道德来约束自己的行为,这种道德行为就会具有超社会超道德的意义,个体与社会,主观与客观就会不分彼此的"浑然一体",给人们带来莫大的欢乐。此类见解在张载的《乾称篇》中亦有充分的反映:

> 乾称父、坤称母,予兹藐焉,乃混然中处。故天地之塞,吾其体;天地之帅,吾其性。民,吾同胞,物,吾与也,大君者,吾父母宗子;其大臣,宗子之家相也。尊高年,所以长其长;慈孤弱,所以幼其幼。圣,其合德,贤,其秀也。凡天下疲癃残疾、惸独鳏寡,皆吾兄弟之颠连而无告者也。于时保之,子之翼也;乐且不忧,纯乎孝者也,违曰悖德,害仁曰贼;济恶者不才,其践形,唯肖者也。知化则善述其事,穷神则善继其志。不愧屋漏为无忝,存心养性为匪懈。……富贵福泽,将厚吾之生也;贫贱忧戚,庸玉女于成也。

---

① 《二程粹言》卷一,中华书局1981年版,第1203页。

这种"物来而顺应"①，浑然与天地社会融为一体的"至乐"，就是理学家们所言的"孔颜乐处"。朱熹对此"乐处"作有进一步的阐述：

> 盖有以见夫人欲尽处，天理流行，随处充满，无少欠阙。故其动静之际，从容如此。而其言志，则又不过即其所居之位。乐其日用之常，初无舍己为人之意。而其胸次悠然，直与天地万物上下同流，备得其所之妙，隐然自见于言外②。

理学家们所宣扬的人"浑然与物同体""寻孔颜乐处"，其内容和实质都是追求一种精神境界，此与佛、道二教具有共同之处，所以佛道二教在这方面的理论大多为理学所吸收。所不同的是，理学家们在追求精神境界之时不像佛道二教那样否定社会，而是将它与社会密切糅合在一起，随遇而安。

从魏晋玄学到宋代理学的发展，是一个人的觉醒，与社会离异，最后又回归到与社会相统一的过程，同时也是一个权威思想从崩溃到重建的过程，其思想理论的发展大体上可划分为两个阶段。

第一阶段是从何晏、王弼的道本儒末思想到东晋后期的三教互补思想的发展。当时正处于人的自我意识觉醒，个体与社会相离异的时期，所以，人们所思考、探讨的主要是生命的意义，个体的价值，精神意境的追求，理想人格的塑造等问题，经过不断探索，逐渐协调、解决了强调个体人格的道家（自然）与强调社会功能秩序的儒家（名教）之间的矛盾，统一了内在精神的超越与外在功名利禄的追求之间的关系，并利用佛道二教的理论，较为圆满地解决了人生归宿（即死亡恐惧）问题，为新的权威思想建构了一个基本框架。

---

① 王孝鱼点校：《程氏文集》卷二《答横渠先生定性书》，中华书局2006年版，第460页。

② 朱熹：《论语集注·先进》，岳麓书社1985年版，第161页。

从唐代中叶韩愈、李翱的合流三教到宋代理学的诞生属于第二个阶段。此时处于觉醒后的个体向社会回归的时期，人们探讨的重点是人的心、性，天、地、人、社会之间的沟通，内在权威的建立等问题。经过长久不懈的努力，终于解决了玄学遗留下来的两个重大问题：一是将伦理道德扬举到本体论的高度，于人们心中建立起一个约束自我言行的内在权威，由此而基本解决了个体与社会的矛盾，使二者的关系得到了比较和谐的统一；二是以一个神圣的、超验的、终极的、具有象征意义的"天理"为核心，将儒、释、道三教的思想予以整合，消解了三教的独立性。进而在三教互补思想提供的新的权威思想的基本框架上予以发展和完善，从哲学的高度建构了一个能够赋予人们共同的信仰、价值、符号、模式，指导人们行为，主宰人们心灵的权威思想体系。

理学的诞生，标志着中国古代社会思想史上第二次大变革的终结。此后，佛道二教虽依然存在，但它们的"合理内核"已融入理学之中，理论上再也没有什么新的建树；思想领域中虽然存有理学与心学的矛盾冲突，但那只不过是理学内部的分歧而已。直到封建社会结束，理学始终占据着思想领域中的统治地位。

古代思想史上的第二次变革是由"人的觉醒"开始的，然最后却以压抑、扼制、灭绝"人欲"作为终结，这无论怎么说都是一场历史的悲剧。导致这场历史悲剧的根本原因何在呢？这是一个值得深思并应做出解答的问题。

据心理学家揭示，作为万物之灵的人，最难以忍受的东西是孤独。这是因为：①人是一种社会性的群体，如果不与他人发生联系，进行某些合作就无法生存；②人具有将自身与自然、社会、他人区别开来的思维功能（即自我意识），"由于认识到自身与自然、他人的区别，由于认识到（即便是朦胧地认识到）生老病死之必然，他必然会觉得，与宇宙，与不同于他的所有其他人比较起来，他是多么的渺小和不重要",所以人们迫切地需要一种"从属"①。或者"从属"于上帝,或者"从属"于社会,或者"从属"于某种理想。中国是一个注重经验,强调感觉的民族,"六合之外,圣人存而不论"②,对于不可捡验,无法感觉的来世天堂,上帝神灵等历来不甚关注,宗教意识比较淡薄,故很少有从属于神的观念。当时的封建社会正处于一个稳步发展的历史阶段,所以也不可能产生出某种取代现实社会的理想。于是,社会成了唯一能够给人们提供价值、符号、模式方面的联系,唯一能够为人们实现个体价值而提供机会、场所的领域,自然也就成了人们唯一从属的对象。因此,人们总是要千方百计地主动协调同社会的关系。当觉醒的个体与现实社会出现矛盾冲突的时候,最后被迫做出妥协让步的总是个体。同时,在理学形成的两宋时期,民族矛盾始终十分尖锐,在保族保种的严峻关头,人们更加自觉地从属于现实社会(即宋王朝的统治),更加自觉地将个人的言行举止纳入封建社会的规范秩序之中,以保持同社会的和谐。当时的社会正处于封建专制集权的高峰期,而封建专制集权本身就是一种扼杀人欲,灭绝个性的社会制度,所以觉醒了的个体向社会妥协让步的最后结局就只可能是一场悲剧。也就是说,历史还没有走进解放个体的时代。

  理学虽然是重建新的权威思想的最后完成,但其理论体系并非完美无缺,其中表现得最为明显的缺陷是在死亡理论方面的单薄无力。本来佛道二教对于死亡具有较为完备的理论,但其解脱之道都以否定社会为前提,或遁入佛寺,或结庐深山,超凡脱俗,与世隔绝。这是理学家们所不能接受的,于是出现了理学家们对于死亡的解释,周敦颐于《太极图就》中引用《周易》之语曰:"原始反终,故知死生之说。"张载认为,生死的本质就是气的聚散,"聚亦吾体,散亦吾体,知死之不亡者,可与言性矣"③。"存,吾顺事,

---

① 佛罗姆:《逃避自由》,工人出版社1987年版,第17页。
② 《庄子·齐物论》,见《庄子集释》,中华书局1982年版,第83页。
③ 张载:《太和》,见《张载集》,中华书局1978年版,第7页。

殁，吾宁也"。① 尽管周、张等人对于死亡的解释比佛、道二教的死亡理论更接近死亡的实质，但它远不如佛、道二教的理论有吸引力。这就是理学形成之后佛、道二教仍能长久生存下来的根本原因，只不过它们只是作为理学的一种补充、一种宗教仪式而被保留。此后，佛、道二教在理论上便没有什么大的发展了，因为它们的"合理内核"已被理学所吸收，人们只是借助它们来消遣对死亡的恐惧而已。

通过以上鸟瞰可以明了，在中国封建社会的历史上，曾先后产生出天人感应神学和理学两大权威思想。而作为一种权威思想，它不仅是统治阶级意志的表现，同时还赋予人们共同的价值、符号、模式，指导人们的行为，主宰人们的心灵。它既是联系个体与社会的重要纽带，亦是稳定人们情绪，平衡人们心理的主要工具。所以，一旦某种权威思想衰落崩溃之时，凝聚其身的价值、符号、模式也就会随之而动摇破产，个人的行为便失去了正确的依据，精神上将失去支柱而变得空虚无聊。个体与他人、个体与社会也会因缺乏正常的联系而出现疏离。一种深感人生无常、个体渺小孤独的生命恐惧②便会弥漫开来，笼罩压迫着人们的心灵。于是，人们的思想便陷入极大的混乱、痛苦之中。一种迷惘、困惑、烦闷、焦虑③的感受将无情地折磨、碾压着人们的心灵，致使人们举止失措、乖张无常，各种反社会、反道德的行为便纷至沓来，令人眼花缭乱、瞠目结舌。

现在我们就比较清楚了：由于魏晋是我国封建社会历史上唯独

---

① 张载：《西铭》，参见《张横渠集》，商务印书馆1936年版，第4页。

② 心理学家兰克教授认为：所谓生命恐惧，是指二人发生关系时，由于一方需要依赖顺从，而害怕可能被对方所抛弃的恐惧感。他或她希望完全献出自己，希望消失自我，成为对方的一个影子。（参见《罗洛·梅的人文心理学》台湾辅仁大学出版社印行，第97页）我认为，对兰克教授的解释还可作进一步的扩大：当人们与社会、自然出现疏离或对抗时所产生出来的孤独、渺小、被遗弃、莫知适从等感受，都可视为生命恐惧。

③ 有关焦虑的解释，心理学家众说纷纭，我比较赞同人文心理学家罗洛·梅的定义："当个人的人格及生存之基本价值受威胁时所产生的忧虑即焦虑"。

的一次权威思想的崩溃与重建的交替时期（我国思想史上第二次大的崩溃与重建出现在 20 世纪），所以，魏晋人的言谈举止、仪态风采便构成了一幅风格独特的历史画卷，这就是产生"魏晋风度"的主要原因。至此，我们似乎可以给"魏晋风度"做出如下之定义：

所谓魏晋风度，是魏晋时代的士大夫在权威思想的崩溃与重建过程中的精神上的迷惘与困惑的外在表现。

上编　崩溃篇

天人感应神学是大一统封建专制集权的理论基础，同时，它又以安定的大一统社会作为自己生存的首要条件，二者休戚与共，相辅相成。

纵观东汉社会的历史，大致上可以和帝之世为界分为前后两个时期。前期政治较为清明，社会比较安定，呈现出一种中兴气象。所以，在西汉末年曾一度受到冲击的天人感应神学又恢复了它的生机。尽管其间曾产生出王充的全面、系统地揭露、批判天人感应理论体系的不朽巨著——《论衡》，但其威力在当时却完全被一派中兴气象所弥盖，并没有对天人感应神学这一权威思想构成直接的冲击和震荡。至后期，统治阶级内部斗争旷日持久，政治日益黑暗腐败，自然灾异也频繁出现。社会逐渐动荡、混乱、分裂，天人感应学说也随之而转向衰落，陷入危机，最后终于伴随着东汉王朝的灭亡而全面崩溃。

天人感应神学在东汉后期的崩溃过程大约可分为三个阶段。

第一阶段是安、顺帝时期：天人感应神学由兴盛转向衰落并开始陷入危机。造成这一转折的主要原因恐怕在于天灾，频繁迭起的自然灾异不仅造成了社会的动荡不安，而且使谴告之说乃至君权神授的理论陷入了窘境，无法自圆其说；而瘟疫所造成的大量死亡又将整个社会推入巨大的恐惧之中，因此而带来了人的自我意识的苏醒。于是，人为宗教——道教开始萌芽，老庄之学开始复兴，侧重"人道"的社会批判思潮也开始露面。这些社会现象既是天人感应学说陷入危机的标志，又为加速其崩溃起了重要的推动作用。

第二阶段是桓、灵帝时期：天人感应学说陷入全面危机并开始崩溃。这除了自然灾异继续发难之外，更主要的原因则是人祸。皇帝、宦官、外戚几大集团之间的无休止地争夺厮杀致使政治更加腐朽黑暗，社会越发动荡混乱，而两次"党锢之祸"对士大夫的大肆迫害和残杀及灵帝对察举制的实际上的废除，又将传统的价值观念打了个粉碎。于是，道教由抵御自然灾异的武器演化为造反冲天的工具，淹没甚久的《论衡》成了士大夫手中的谈助手册，远离政治的出世之人日益增多，社会批判思潮蓬勃兴起，儒家礼法遭轻蔑，传统经学被摈落，而老庄之学却得到了进一步的发展。这一切都表明天人感应神学已经在开始崩溃。

第三阶段是献帝时期：军阀混战，国家四分五裂，皇帝由神圣的天子演变成了悍将武夫手中的玩物，名法之学取代了儒学的位置，"唯才是举"代替了传统的察举征辟。所以说，天人感应神学的整个理论体系至此已全部崩溃。

天人感应神学自建立之时起，就在统治阶级的大力扶植下占据了思想领域的统治地位，成为指导和约束人们言行的权威思想。在其人为宗教几乎不存在的时代里，它便成了个人行为的唯一指南和依据。因此，它所宣扬的宇宙观、方法论、价值观念、道德标准等等，经由二百余年的发展历史，深植于人们的心中。所以，当其陷入危机走向崩溃的时候，必然会给社会造成震荡，给社会的成员带来巨大的恐惧、迷惘和焦虑。

由于天人感应神学强调群体，轻视个体，主张个体的价值只有到群体之中才能得到确立，同时社会又为个体价值的确立提供了一个由立德修身经察举征辟而入世建勋立业的良好途径。所以两汉士大夫都自觉地将自己融入群体之中，希望把自己完全地奉献给国家，成为国家的一个子，在国家的强盛辉煌之中求得自己的不朽和归宿，对社会、朝廷（包括皇帝）具有强烈的依赖心理。他们就像一群温顺弱小的孩童，须臾不可分离地依偎在母亲（即朝廷）的怀抱之中滚动雀跃，笑语欢歌，以求得爱抚和安全感。所以，一旦将他们置于"君权神授"观念摇晃破灭，察举征辟制度上崩瓦解，国家动荡分裂的环境之中，其表现亦恰如一个平时备受疼爱的宠儿突然被父母所遗弃：惊慌、恐惧、迷茫焦虑，不知所措。魏晋士人所表现出来的独特的风采大多都可从东汉后期的士大夫的身上见到它的雏形。

第一章　异端学说发难

　　自汉武帝"罢黜百家，独尊儒术"之后，董仲舒所精心建造的天人感应神学遂成为两汉时代的统治思想。唯心主义得到极大的发展。但是，作为其对立面的唯物主义思想并未因此而窒息，西汉后期的扬雄、东汉初年的桓谭等人均在极其困难的历史条件下，应用朴素唯物主义的思想方法对唯心主义的神学思想体系进行过揭露和批判。至东汉明、章、和帝年间，会稽上虞"细族"王充集其大成，穷毕身之精力，呕心撰成《论衡》一书，全面、系统地抨击了董仲舒的唯心主义思想体系，为天人感应神学这一权威思想的崩溃作了理论上的准备。

　　"导言"之中曾明确指出，天人感应神学体系的核心内容是"君权神授"，而王充则十分敏锐地抓住了这个要害，应用朴素唯物主义的思想方法对此进行强有力的驳斥和批判。首先，王充继承荀况对天的唯物主义的解释，认为天是一个没有任何思想意识和感情欲望的自然实体："夫天道，自然也，无为。"① 这就使"君权神授"之说失去了依据。进而王充对"人"做出朴素唯物主义的解释，认为人和世间万物都是由天地运行所施放出来的恬淡无欲的无为之气所构成："天地合气，万物自生，犹夫妇合气，子自生矣。"② 这是逻辑的大前提。小前提：皇帝也是人，所以，皇帝亦是父母合气的产物。结论，"人，物也。虽贵为王侯，性不异于物。"③ 严密

---

① 《论衡》卷一四《谴告》，上海人民出版社1974年版，第224页。
② 《论衡》卷一八《自然》，上海人民出版社1974年版，第277页。
③ 《论衡》卷七《道虚》，上海人民出版社1974年版，第106页。

的逻辑论证，将披在皇帝身上的神秘外衣剥了下来，消除了"天之子"的神圣威严。

灾异谴告之说是董仲舒用来论证君权神授观点的一个重要论据，为了彻底破除君权神授之说，王充亦紧追不舍，充分揭露天神谴告人君之说纯属荒谬。

> 凡言谴告者，以人道验之也。人道，君谴告臣，上天谴告君也，谓灾异为谴告。夫人道，臣亦有谏君，以灾异为谴告，而王者亦当时有谏上天之义，其效何在？①

王充还反问道：

> 天能谴告人君，则亦能故命圣君，择才若尧、舜，受以王命，委以王事，勿复与知。今则不然，生庸庸之君，失道废德，随谴告之，何天不惮劳也？②

王充的系统揭露和批判，将君权神授的神话击了个粉碎。董仲舒精心建造的天人感应学说由是遭受到强有力的挑战。同时，王充于《论衡》之中还对天人感应学说所宣扬的其他迷信谎言进行了唯物主义的批判，使其学说漏洞百出，溃不成军。

虽然王充的《论衡》一书全面、系统地揭露和批判了天人感应神学，向其神学体系提出了强有力的挑战，但在王充生前，其学说并未对天人感应神学构成直接威胁。因为当时的东汉王朝正处于兴盛时期，一派中兴气象遮掩了王充"异端"思想的光芒。也就是说，历史还没有走到接受这种理论的时刻。

东汉末年，统一的中央王朝出现了严重的震荡，维系天人感应

---

① 《论衡》卷一八《自然》，上海人民出版社1974年版，第282页。
② 同上书，第282页。

学说的社会条件逐渐遭到瓦解，于是王充的思想便得以在社会上传播开来。《袁山松书》曰：

> 充所作《论衡》，中土未有传者，蔡邕入吴始得之，恒秘玩以为谈助。其后王朗为会稽太守，又得其书，及还许下，时人称其才进。或曰，不见异人，当得异书。问之，果以《论衡》之益，由是遂见传焉。①

《抱朴子》曰：

> 时人嫌蔡邕得异书，或搜求其帐中隐处，果得《论衡》，抱数卷持去。邕丁宁之曰："唯我与尔共之，勿广也。"②

此后《论衡》一书就成了许多士大夫的重要读物。《后汉书》卷七十《孔融传》曰：孔融与祢衡跌荡放言云："父之于子，当有何亲？论其本意，实为情欲发耳。子之于母，亦复奚为？譬如寄物瓶中，出则离矣。"此与《论衡》所言"夫人之施气也，非欲以生子，气施而子自生矣"③。"人，物也，子亦物也。子生与物之生何以异"④？"人生于天地也，犹鱼之于渊。虮虱之于人也。因气而生，种类相产"⑤ 等语极其相似，明显地受到王充思想的影响⑥。阮籍《大人先生传》言："君子之处域内，何异夫虱之处裈中乎？"余英时言此话明显来自《论衡·变动》篇"故人在天地之间，犹蚤虱之在衣裳之内。"同时余英时还指出：阮咸子瞻、阮籍从子修"所持

---

① 参见《后汉书》卷四九《王充传》注，中华书局1965年版，第1629页。
② 同上。
③ 《论衡》卷一八《自然》，上海人民出版社1974年版，第278页。
④ 《论衡》卷二三《四讳》，上海人民出版社1974年版，第358页。
⑤ 《论衡》卷三《物势》，上海人民出版社1974年版，第47页。
⑥ 关于这一点，钱穆、余英时、金春峰等人都曾言之。参见钱穆《国学概论》余英时《士与中国文化》、金春峰《汉代思想史》。

无鬼之论，明显地来源于《论衡·论死》篇。"并进而指出，"可见王充《论衡》早已成阮氏之家学矣"①。既然《论衡》一书成了汉末魏晋士大夫的重要读物和"谈助"手册，那么，王充对天人感应学说的系统批判也十分自然会在士大夫中造成巨大的影响，所以说是王充为天人感应神学思想的崩溃作了理论上的准备。

如果说王充的唯物主义学说只是为天人感应神学的崩溃作了理论上的准备的话，那么东汉后期社会批判思潮却对天人感应神学构成了直接的打击。

东汉自安帝时始，自然灾异频繁发生，引起人们极大的恐慌。皇帝也曾按照天人感应的神学理论来制定、实行过一些得上天宽恕的措施（详见下章），结果是毫无灵验，不仅灾异依然不断，而且国事也越搞越糟。面对着江河日下的政治局势，有的士大夫挺身而出奋力挽救；有的士大夫则超出天人感应神学范围，到传统文化中寻找其他的思想理论来作为治世良方，出现了一股所谓的社会批判思潮，王符、崔寔、仲长统是其代表。在他们的学说思想之中，凝结着一个共同的特点：即深入揭露批判社会的各种弊端和腐朽，并把眼光从天道转向人道，认为传统儒学——即天人感应神学已难以维持现实的统治秩序，"方今承百王之敝，值厄运之会。自数世以来，政多恩贷，驭委其辔，马骊其衔，四牡横奔，皇路险倾"。如果"以德教除残，是以粱肉理疾也"②。所以他们主张严刑重罚，以法治国："夫法令者，人君之衔辔棰策也，而民者，君之舆马也。"③"法令行则国治，法令弛则国乱；法无常行，亦无常弛，君敬法则法行，君慢法则法弛"④。"今既不能纯法八代，故宜参以霸政，则宜重赏深罚以御之，明著法术以检之"⑤。衰乱之世，以法理之，本

---

① 余英时：《士与中国文化》，上海人民出版社1987年版，第410页注①。
② 《后汉书》卷五二《崔寔传》，中华书局1965年版，第1728页。
③ 《潜夫论》卷五《衰制》，中华书局1985年版，第240页。
④ 《潜夫论》卷四《述赦》，中华书局1985年版，第190页。
⑤ 《后汉书》卷五二《崔寔传》，中华书局1965年版，第1727页。

是一种传统的统治手段，但在天人感应神学统治思想界二百余年之后重新提出这个问题，无疑是这些士大夫已对董仲舒的神学体系的功能产生了怀疑。虽然王符等人的"异端"学说只是针对社会的腐朽没落而填写了一张治世处方，并没有像王充那样从理论上全面系统地批判天人感应神学，但他们的忽视天道，注重人道，以法治国的思想迅速地在社会上传播开来，对苟延残喘的天人感应神学无疑是沉重的一击。兹后，曹操、曹丕父子沿着这种思想进一步发展，以名法之术治理局势，建立功业，名法思想便一举跃上了霸主的地位，其突出表现是在用人方面。因局势的迫切需要，曹操于建安时期曾连下四道《求贤令》，其核心内容是用人不问德行，唯才是举。八年令曰："治平尚德行，有事赏功能。"十五年令曰："今天下尚未定，此特求贤之急时也。………若必廉士而后可用，则齐桓其何以霸世！今天下得无有被褐怀玉而钓于渭滨者乎？又得无盗嫂受金而未遇无知者乎！二三子其佐我明扬仄陋，唯才是举，吾得而用之。"十九年令曰："夫有行之士未必能进取，进取之士未必能有行也。……士有偏短，庸可废乎！"二十二年令曰："今天下得无有至德之人放在民间，及果勇不顾，临敌力战；若文俗之吏，高才异质，或堪为将守；负污辱之名，见笑之行，或不仁不孝而有治国用兵之术，其各举所知，勿有所遗。"① 用人不问德行，唯才是举，这既是选举的原则，也是选举人才的标准。为了确保这个选举原则、标准的贯彻实行，曹操及时地推出了九品中正制。《宋书·恩幸传序》云：

> 汉末丧乱，魏武始基，军中仓促，权立九品，盖以论人才优劣，非为世族高卑。因此相沿，遂为成法。自魏至晋，莫之能改（《三国志·陈群传》或言九品中正制建于曹丕延康元年，时间上与此有异，然九品中正制诞生于曹氏父子手中则是可以

---

① 均见《三国志》卷一《魏武帝纪》及注，中华书局1971年版，第24—49页。

肯定的）。

正是在这种名法思想高唱入云的时刻，一部以"唯才是举"为指导思想的全面详细地论述如何识别、考察、使用人才的重要著作——刘邵的《人物志》便应运而生了。

在天人感应的神学体系中，察举征辟，选拔人才的首要条件是仁义道德，而个体的智慧才能则是无足轻重的。《人物志》对此来了个反其道而行之，其《八观第九》云：

> 夫仁者德之基也，义则德之节也，礼者德之文也，信者德之固也，智者德之帅也。夫智出于明，明之于人，犹昼之待白日，夜之待烛火。……是以钧材而好学，明者为师；比力而争，智者为雄；等德而齐，达者称圣。圣之为称，明智之极名也。是以观其聪明而所达之材可知也。

在这里，同个体的个性才能相联系的"智"得到了前所未有的肯定和高扬，不仅是观察识别人才的主要途径和选拔人才的首要条件，而且成了凌驾于"德"之上的东西，对于仁义道德的实现起着最后的决定性作用。同时，圣贤的标准也由原来的居仁履义转变成是否具有极大的聪明才智，《人物志》自序曰："夫圣贤之所美，莫美于聪明。"聪明成了圣贤的最高境界。不过，《人物志》最推崇的还不是这些智者的化身——圣贤，而是那些能将聪明与胆力结合在一起的人物——英雄。《英雄第八》云：

> 夫草之精秀者为英，兽之特群者为雄，故人之文武茂异，取名于此。是故聪明秀出谓之英，胆力过人谓之雄，此其大体之别名也。……夫聪明者，英之分也，不得雄之胆则说不行；胆力者，雄之分也，不得英之智则事不立。……故英雄异名，然皆偏至之材，人臣之任使也。……故一人之身兼有英雄，乃

能役英与雄；能役英与雄，故能成大业也。

"聪明"、"胆力"，二者都属于"才"的范畴，这就是说，一个人只要才能全面杰出（即兼有"聪明秀出"和"胆力过人"二者）就能当"成大业"的"英雄"，至于德行如何就无所谓了，传统的价值观念和行为准则在这里遭到了无情的冷遇和抛弃。刘邵对"英雄"的解说和赞颂，充分地体现了曹操的"唯才是举"的选举原则，同时也是对个体才能价值的高度肯定。其《人物志》对如何识别、考察、使用人才的全面论述，既是对"唯才是举"选举原则的具体落实，也是对人的本质的全面探索。可以这样认为，刘邵的《人物志》是汉魏之际名法思想的集大成，同时也是古代思想史上由宇宙观向人的本体论转折的重要标志之一。

"治平尚德行，有事赏功能"，是为统治者的传统手法，所以说，汉魏之际名法思想的泛起和发展，主要是出于政治局势的需要，还不是建构新的精神支柱的理性思考。然而，此时的名法思想却具有浓厚的时代色彩：个体的人，个体的价值，特别是个体的智慧才能得到了空前的肯定和高扬，关于人的研究探索也表现出前所未有的全面和深入。这不仅有力地瓦解了天人感应神学体系，而且也对魏晋时期人的觉醒和思想解放运动起了巨大的推动作用。尽管如此，但名法思想在理论体系上毕竟十分的贫乏，虽然它在应付动荡局势方面能够收到一定的效用，但东汉之末并非战国之末，人类历史毕竟又向前迈进了数百年。与战国末相比较，此时的人类要成熟得多，精神世界也丰富得多，围绕着人本身的各种问题纷纷涌来：个体的价值如何得到确立？精神世界怎样才能得到满足？生死离别、喜怒哀乐等现象如何得到满意的解答？个体与社会的关系怎样才可得到恰当的统一，等等，这些都是当时人们所思索、所关心、所焦虑的重大问题，而名法思想对此却无力应付。所以，时隔不久，名法之学便让位给老庄之学了。

这就出现了一个值得思考的问题：按常规，混乱的岁月理应是宗教神学发展的时代，但为何汉末以降，高唱入云的是道家学说，而天人感应的神学反倒崩溃了呢？我认为出现这种现象有着以下原因。

一、天人感应神学的整个理论体系都是建立在稳定的大一统的社会条件之上的，稳定的大一统局势是其赖以生存的首要条件。这就是说，天人感应的神学与宗教的特性相去甚远，与政治联系得太密切，依附性太强，缺乏自我独立生存的机制。所以，它的命运也就不可避免地同大一统的政治秩序纠缠在一起，荣辱与共，生死同在。

二、人民对现实问题的解决，不可能超出他所具有的知识结构和文化素养。当时的士大夫们所熟悉的知识，除了儒家经典之外，便是诸子百家的学说。虽然佛教于西汉末年就已开始传入我国，但由于它与我国的民族文化对抗太烈，同时其理论在当时也未系统地介绍进来，只是老庄之学的附庸，在士大夫阶层中并没有多大的影响。而道教当时刚刚萌芽，并没有出现完整的理论，其接受对象也仅限于社会的下层，且又为汉末农民起义军所利用，自然也就不会为士大夫所注重。所以，愤世嫉俗，强调个体人格和精神超越的道家学说便大受士大夫的欢迎，得以蓬勃地发展。

第二章　自然灾异作祟

两汉属于我国历史上的宇宙期之一①，而东汉（尤其是安帝至灵帝之间）又恰好是太阳黑子衰弱期，其强度竟处于前后一千八百年间最小值②，由此而造成了自然灾异的泛滥。自安帝直至献帝，东汉王朝始终置于多灾多难的包围之中，山崩、地震、狂风、水旱、蝗虫、瘟疫，此起彼伏，群发夹攻，现列一表如下（见下页表。凡表中所引史料均源于《后汉书》，故只写卷数）。

时间	类别	史书记载*
永初元年	地震	是岁，郡国十八地震。（卷五）
	水	新城山泉水大出（注：《东观记》曰："突坏人田，水深三丈"）。（同上）是岁郡国四十一县三百一十五雨水，四渎溢，伤秋稼，坏城郭，杀人民。（志第十一）
	旱	《古今注》曰："永初元年，郡国八旱，分遣议郎请雨"。（志第十三注）
二年	水、雹	六月，京师及郡国四十大水，大风、雨雹（注：《东观记》曰："雹大如芋魁、鸡子，风拔树发屋。"）（卷五）
	旱	五月、旱。（同上）
	地震	是岁，郡国十二地震。（同上）

---

① 参见高建国《两汉宇宙期的初步探讨》，《历史自然学进展》，海洋出版社 1987 年版，第 22 页。
② 参见上书第 32 页图 4。

续表

时间	类别	史书记载 *
三年	饥荒	三月,京师大饥,民相食。并凉三州大饥,人相食。(同上)是岁,京师及郡国四十一雨水、雹。(同上)十二月辛酉,郡国九地震。(同上)
	地震	是岁,京师及郡国四十一雨水、雹。(同上)
	水、雹	(三月)癸巳,郡国九地震。九月甲申,益州郡地震。(同上)
四年	地震	夏四月,六州蝗。(同上)
	蝗	秋七月己酉,三郡大水。(同上)
五年	水	(正月)丙戌,郡国十地震。(同上)
	地震	是岁,九州蝗。郡国八雨水。(同上)
	蝗、水	六月壬辰,豫章、员溪、原山崩。(同上)
六年	山崩	三月,十州蝗。(同上)
	蝗	
七年	旱	夏,旱(注:《古今注》曰:"三年,郡国人、四年、五年夏,并旱")。(志第十三)
	地震	二月丙午,郡国十八地震(卷五)
	蝗、旱	八月丙寅,蝗虫飞过洛阳。(同上)夏、旱(志第十三)
元初元年	旱、蝗	京师及郡国五旱、蝗。(卷五)
	地震	二月己卯,日南地坼。六月西巳,河东地陷。是岁,郡国十五地震。(同上)
二年	旱、蝗	五月,京师旱,河南及郡国十九星。(同上)
	地震	(六月)洛阳新城地裂。十一月庚申,郡国十地震。(同上)
	旱	夏四月,京师旱。(同上)
三年	地震	(二月)郡国十地震。(十一月)癸卯,郡国九地震。(七月)缑氏地坼。(同上)
四年	水、雹	(七月)京师及郡国十雨水。六月戊辰,三郡雨雹。(同上)
	地震	是岁,郡国十三地震。(同上)
五年	旱	三月,京师及郡国五旱,诏禀遭旱贫人。(同上)
	地震	是岁,郡国十四地震。(同上)

续表

时间	类别	史书记载*
六年	地震	二月乙巳，京师及郡国四十二地震，或坼裂，水泉涌出。（冬）郡国八地震。（同上）
	疫	夏四月，会稽大疫，遣光禄大夫将太医循行疾病，赐棺木，除田租、口赋。（同上）
	旱	五月，京师旱。（同上）
永宁元年	地震	是岁，郡国二十三地震。（志第十三）
	雨	郡国三十三淫雨伤稼。（志第十三）
建光元年	地震	冬十一月已丑，郡国三十五地震，或坼裂。（卷五）
	雨	是秋，京师及郡国二十九雨水。（同上）
延光元年	地震	秋七月癸卯，京师及郡国十三地震。九月甲戌群国二十七地震。（同上）
	雨、雹	是岁，京师及群国二十七雨水，大风，杀人。
		夏四月癸未，京师郡国二十一雨雹。（同上）
二年	蝗	六月，群国蝗。（同上）
	地震	是岁，京师及群国三地震。（同上）京师、郡国三十二地震。（志第十六）
三年	山崩	秋七月，丹阳山崩。（卷五）丹阳山崩四十七所。（志第十六）
	地震	是岁，京师及群国二十三地震。（卷五）
	山崩	（六月）庚午，阆中山崩。（同上）
	水	大水、流杀民人，伤苗稼。（志第十五）
四年	山崩	冬十月丙午，越嶲山崩。（卷五）
	地震	十一月丁巳，京师及郡国十六地震。（卷六）
	疫	是冬，京师大疫。（志第十七注曰："张衡明年上封事：'臣窃见京师为害所及，民多病死，死有灭户。人人恐惧，朝廷憔心，以为至忧'"。）（卷五）
永建三年	地震	春正月丙子，京师地震，汉阳地陷裂。（卷六）
		汉阳屋坏杀人，地坼涌水出。（志第十六）
四年	旱	六月，旱。（卷六）
	雨	五州雨水。秋八月庚子，遣使实核死亡，收敛禀赐。（同上）

续表

时间	类别	史书记载*
五年	蝗、疫	（永建）四年，厚上言："今夏盛寒，当有疾疫蝗虫之害"。是岁，果六州大蝗，疫气流行。（卷三十上《杨厚传》）
	旱	夏四月，京师旱，辛巳，诏郡国贫人被灾者，勿收责今年过更。（卷六）
	蝗	京师及郡国十二蝗。（同上）
六年	雨	冀州淫雨伤稼（卷六曰：冬十一月辛亥，诏曰："连年灾潦，冀部尤甚，比蠲除实伤，赡恤穷匮，而百姓犹有弃业，流亡不绝。……其令冀部勿收今年田租、刍稿。"（志第十三）
阳嘉元年	旱	京师旱。（卷六）
二年	饥荒	春二月甲申，诏以吴郡、会稽饥荒，贷人种粮。（同上）
	地震	（四月）己亥，京师地震（六月）丁丑，洛阳地陷。（同上）
	旱	京师旱。（卷六）
四年	地震	十二月甲寅，京师地震。（同上）
	旱	（二月）自去冬旱，至于是月。（同上）
永和元年	蝗	秋七月，偃师蝗。（同上）
	水	是夏，洛阳暴水，杀千余人。（卷三十上《杨厚传》）
二年	地震	夏四月丙申，京师地震。（十一月）丁卯，京师地震。（卷六）
三年	地震	二月乙亥，京师及金城、陇西地震，二郡山岸崩地陷。（闰四月）己酉，京师地震。（同上）
四年	地震	三月乙亥，京师地震。（同上）
	旱	秋八月，太原郡旱，民庶流冗。癸丑，遣光禄大夫案行禀贷，除更赋。（同上）
五年	地震	二月戊申，京师地震。（同上）
汉安二年	地震	是岁，京州地百八十震。建康元年春正月辛丑，诏曰："陇西、汉阳、张掖、北地、武威、武都，自去年九月以来，地百八十震，山谷坼裂坏败城寺，杀害民庶。"（卷六）
建康元年	地震	（九月）京师及太原、雁门地震，三都水涌土裂。（同上）
永嘉元年	旱	五月甲午，诏曰："……自春涉夏，大旱炎赫，忧心京京"。（同上）

续表

时间	类别	史书记载*
本初元年	水	（五月）海水溢。戊申，使谒者案行，收葬乐安、北海人为水所漂没死者，又禀给贫羸。（同上）
建和元年	地震	四月庚寅，京城地震。郡国六地裂，水涌井溢。九月丁卯，京师地震。（卷七）
建和元年	饥荒	二月，荆扬二州人多饿死，遣四府掾分行赈给。（同上）
二年	水	七月，京师大水。（同上）
三年	地震	九月己卯，地震，庚寅，地又震。郡国五山崩。（同上）
三年	水	（八月）京师大水。（同上）
和平元年	地震	七月，梓潼山崩。（同上）
元嘉元年	地震	十一月辛巳，京师地震。（同上）
元嘉元年	疫	正月，京师疾疫。使光禄大夫将医药案行。二月，九江，庐江大疫。（同上）
二年	旱、饥	京师旱，任城、梁国饥，民相食。（同上）
二年	地震	（正月）丙辰，京师地震。十月乙亥、京师地震。（同上）
永兴元年	蝗、水	秋七月，郡国三十二蝗。河水溢。百姓饥荒，流宂道路，至有数十万户，冀州尤甚。诏在所赈给乏绝，安慰居业。（同上）
二年	地震	（二月）癸卯，京师地震。（夏）东海朐山崩。（同上）
二年	蝗	（夏）京师蝗。（同上）
二年	水	六月，彭城四永增长逆流，诏司隶校尉，部刺史曰："蝗灾为害，水变仍至，五谷不登，人无宿储。其令所伤郡国种芜青以助人食。"（同上）
永寿元年	山崩	巴郡、益州山崩。（同上）
永寿元年	饥荒	二月、司隶、冀州饥，人相食。（同上）
永寿元年	水	六月，洛水溢，坏鸿德苑。南阳大水。（注曰：《续汉志》曰："水溢至津城门，漂人物。"）（同上）
永寿元年	地震	十二月，京师地震。（同上）
二年	蝗	（夏）京师蝗。（同上）
三年	地裂	七月，旱。（志第十三）
三年	蝗	（夏）京师蝗。（同上）

续表

时间	类别	史书记载*
廷熹元年	旱	六月，旱。（志第十三）
	地裂	七月己巳，云阳地裂。（卷七）
二年	雨	夏，京师雨水。（同上）霖雨五十余日。（志第十三）
三年	山崩	五月甲戌，汉中山崩。（卷七）
四年	疫	（春）大疫。（同上）
	雹	（五月）己卯，京师雨雹。（同上）
	地震	六月，京兆、扶风及凉州地震。庚子，岱山及博尤来山并颓裂。（同上）
五年	地震	（五月）乙亥，京师地震。（同上）
七年	雹	五月己丑，京师雨雹。（同上）
八年	地震	（夏）缑氏地震。九月丁未，京师地震。（同上）
九年	饥	司隶，豫州饥死者什四五，至有灭户者，遗三府掾赈禀之。（同上）
永康元年	地裂	五月丙申，京师及上党地裂。（同上）
	水	（秋）六州大水，勃海海溢，诏州郡赐溺死者七岁以上钱，人二千；一家皆被害者，悉为收敛其亡失谷食，禀人三斛。（同上）
建宁元成	雨	六月，京师雨水。（卷八）霖雨六十余日。（志第十三）
二年	雹	夏四月癸巳，大风，雨雹。（卷八）
三年	饥	河内人妇食夫，河南人夫食妇。（同上）
四年	地震	二月癸卯，地震，海水溢。（同上）
	地裂	五月，河东地裂，雨雹，山水暴出。（同上）
	疫	大疫，使中谒者巡行致医药。（同上）
熹平元年	雨	六月，京师雨水。（同上）霖雨七十余日。（志第十三）
二年	地震	六月，北海地震，东莱、北海海水溢。（卷八）
	疫	正月，大疫，使使者巡行致医药。（同上）
三年	水	秋、洛水溢。（同上）
四年	水	夏四月，郡国七大水。（同上）
	螟	六月，弘农、三辅螟。（同上）
	旱、震	四月，大旱，七州蝗。（同上）
六年	地震	（十月）辛丑，京师地震。（同上）

续表

时间	类别	史书记载*
光和元年	地震	（二月）己未，地震，四月丙辰，地震。（同上）
	疫	春，大疫，使常侍、中谒者巡行致医药。（同上）
二年	地震	秋，表是地震，涌水出。（同上）酒泉表氏地八十余地，涌水出，城中宫寺民舍皆顿，县易处，更筑城郭。（志第十六）
三年	雹	六月庚辰，雨雹。（同上）
四年	疫	二月，大疫。（同上）
五年	旱	四月，旱。（同上）
	旱	夏，大旱。（同上）
六月	水	秋，金城河水溢。（同上）
	山崩	（秋）五原山岸崩。（同上）
	疫	正月，大疫。（同上）
中平二年	雹	四月庚戌，大风，雨雹。（同上）
	螟	七月，三辅螟。（同上）
	水	郡国六水大出。（志第十五）
五年	雨	（九月）自六月雨，至于是月。（卷八）
六年		
初平二年	地震	六月丙戌，地震。（卷九）
四年	雹	六月，扶风大风，雨雹。（同上）
	山崩	（夏）华山崩裂。（同上）
	地震	十月辛丑，京师地震。十二月辛丑，地震。（同上）
兴平元年	地震	（六月）丁丑，地震，戊寅，又震。（同上）
	蝗	（夏）大蝗。（同上）
	旱	（七月）三辅大旱，自四月至于是月。……是时谷一斛五十万，豆麦一斛二十万，人相食啖白骨委积。（同上）
	旱	（夏）大旱。（同上）
二年	蝗	夏五月，蝗。（同上）
建安二年	水、饥	九月，汉水溢，是岁饥，江淮间民相食。（同上）
十四年	地震	十月荆州地震。（同上）
十七年	水	秋七月，有水，颍水溢。（同上）
	螟	（秋）螟。（同上）

续表

时间	类别	史书记载 *
十八年	雨、水	（夏）大雨水。（同上）六月，大水。（志第十五）
十九年	旱、雨	夏四月，旱。五月，雨水。（卷九）
二十二年	疫	是岁大疫。（同上）
二十四年	水	八月，汉水溢。（同上）

通过此表可以看出，东汉后期的自然灾异具有时间长、次数多、规模大、多种灾异同时迸发等特点，这在中国历史上是少见的。纵观中外历史，凡是一场大的灾难（如瘟疫、战争、饥荒、大地震等）降临之时，都会引起人们巨大的恐惧，丧失安全感，由此而对社会心理乃至社会生活造成极大的影响。如有人曾经研究揭示：欧洲自1348—1349年爆发的黑死病之后，至少有三百年的时间接连遭到大瘟疫的侵袭。由于基督教文化的影响，欧洲人普遍存在着原罪感，认为大瘟疫的流行是上帝对罪人的惩罚。随着瘟疫的频繁出现，人们的罪恶感也就日益加重，因此而纷纷皈依教会赎罪，于是带来了基督教的蓬勃发展。为了赎罪。就要不断地行善积德，甚至要进修道院，这不是每个人都能承受得了的精神压力，于是产生了马丁·路德的宗教改革。他提倡："凭信得救"，简化烦琐的宗教仪式，迅速得到人们的欢迎和拥护，使改革获得了成功。简言之，欧洲中世纪基督教的盛行，马丁·路德宗教改革的成功，都与当时大瘟疫的流行有着密切的联系。东汉后期频繁迸起的自然灾异同样对当时社会造成了巨大的影响，一方面，它不断冲击并逐步瓦解了天人感应神学理论；另一方面诱发了道教的产生。

按照天人感应神学的理论，天人之间，是由天的"大使者"——皇帝来沟通联系的，而天与皇帝之间的联系，既非语言告诫，亦非某种神秘的启示，而是通过自然现象来实现的。皇帝如果政治清明，天就高兴，风调雨顺，年成就好；若皇帝昏庸无道，统治败坏，天就发怒，就会频降灾异来谴告皇帝，令其纠正过失。

《春秋繁露·必仁且智》云：

> 凡灾异之本，尽生于国家之失。国家之失乃始萌芽，而天出灾异以谴告之。谴告之而不知变，乃见怪异以惊骇之。惊骇之尚不知畏恐，其殃咎乃至。

正是在这种理论观点的影响下，频繁迭起的自然灾异闹得东汉后期的皇帝们格外地恐惶不安，于是便按照天人感应神学的理论，煞费苦心地多方弥补过失，企图求得上天的原谅，以此消除上天的谴告，其主要办法有二。一是策免大臣以塞天咎。《后汉书》卷四四《徐防传》云：安帝元初元年，"郡国被水灾，比州淹没，死者以千数，灾异数降。西羌反畔，杀略人吏。京师淫风，蟊贼伤稼稿"。太尉徐防以此策免，"凡三公以灾异策免始自防也"。此后，策免三公便成了皇帝应付灾异的常用手段。第二种办法就是一旦灾异出现便下诏赈贷贫困，察举贤良，大赦天下以求得上天的宽恕，现仅录安帝和桓帝的二份诏书便可窥见一斑。安帝永初五年诏曰：

> 朕以不德，奉郊庙，承大业，不能兴和降善，为人祈福。灾异蜂起，寇贼纵横，夷狄猾夏，戎事不息，百姓匮乏，疲于征发。重以蝗虫滋生，害及成麦，秋稼方收，甚可悼也。朕以不明，统理失中，亦未获忠良以毗阙政。……其令三公、特进、侯、中二千石、二千石、郡守、诸侯相举贤良方正，有道术、达于政化、能直言极谏之士，各一人，及至孝与众卓异者，并遣诣公车，朕将亲览焉。[①]

桓帝建和三年诏曰：

[①]《后汉书》卷五《安帝纪》，中华书局1965年版，第217页。

朕摄政失中，灾眚连仍，三光不明，阴阳错序。监寐寤叹，疢如疾首。今京师厮舍，死者相枕，郡县阡陌，处处有之，甚违周文掩骼之义。其有家属而贫无以葬者，给直，人三千，丧主布三匹；若无亲属，可于官埄地葬之，表识姓名，为设祠祭。又徒在作部，疾病致医药，死亡厚埋藏。民有不能自振及流移者，禀谷如科。州郡检察，务崇恩施，以康我民。①

尽管东汉后期的皇帝们按照天人感应神学的理论做出了许多消灾的努力，但上天并不体察他们的用意，各种灾异依然屡现不断，这便将天人感应神学推入了难以自圆其说的困境。皇帝们于惶恐不安中开始怀疑天人感应神学的准确性、合理性。为了排除心中的疑惑和焦虑，他们开始淡化同上天的联系，出现了汉桓帝寻找新的庇护者的现象：延熹八年正月和十一月，桓帝曾两次派宦官到苦县"祠老子"。九年，又"祠黄、老于濯龙宫"②。且于宫中"立黄老、浮屠之祠"③。上天在皇帝心中的威严形象被频繁的、自然灾异撼动了，"百神之大君"的神圣位置上挤进了一批僭越者，君权神授的观念也就自然的被稀释了。

桓帝寻找新的庇护者的现象不是偶然的，它同此时民间原始道教的传播流行具有一致性。二者都是因为频繁迭起的自然灾异削弱瓦解了天人感应神学的理论，使人与神的联系出现了障碍，而恐怖可怕的自然灾异又迫使人们急切地想要沟通同神的关系，以便获得神的庇护，进而摆脱难以忍受的恐惧和焦虑，于是古代社会中的另一位哲人——老子便被请出来充当了人们的保护神。在这一点上，皇帝与下层百姓取得了一致，由准宗教（天人感应神学）走向了宗教（道教）。不过，社会的另一重要阶层——士大夫却迈上了另一条更为艰难曲折的道路，在频繁庞大的自然灾异面前，他们一方面

---

① 《后汉书》卷七《桓帝纪》，中华书局1965年版，第294页。
② 同上书，第317页。
③ 《后汉书》卷三〇《襄楷》，中华书局1965年版，第1082页。

仍以谴告之说的观点劝谏皇帝，并同腐朽的宦官势力作不屈不挠的斗争，一方面又对天人感应神学理论产生出怀疑和失望，逐渐将目光由天道转向人道，企图以人道的威力来抵御自然灾异的攻击，前章所言的流行于东汉后期的社会批判思潮就是这一思想的产物。此后，他们不断地摸索探讨，开始了一种非宗教的（尽管后来也引起了宗教的因素）精神支柱的建构（详见下编），使人为宗教的发展趋势得到了淡化。

下面让我们来考察一下道教的产生发展及对天人感应神学的影响：

地震、水旱、蝗虫、瘟疫，受害最深的当然要数社会底层的广大贫民。人们在频繁的自然灾祸面前，深感个体的渺小和无能，自动地组织起来，依靠众人的力量来与之相抗衡，于是道教开始萌芽。顺帝年间，客居蜀地的张陵学道鹤鸣山中，造作符书，招收教徒，凡受其道者都要交五斗米，此后道教便传播开来：

> 陵传子衡，衡传于鲁，鲁遂自号"师君"。其来学者，初名为"鬼卒"，后号"祭酒"。祭酒各领部众，众多者名曰"理头"，皆校以诚信，不听欺妄，有病但令首过而已。诸祭酒各起义舍于路，同之亭传，县置米肉以给行旅。食者量腹取足，过多则鬼能病之。犯法者先加三原，然后行刑。不置长吏，以祭酒为理，民夷信向。①

至灵帝时，各种自然灾异，其中尤其是瘟疫更加频繁（东汉后期的十一次瘟疫，其中就有五次发生于灵帝时期），巨大的死亡人引起了人们更大的恐慌。于是道教得以迅速发展，此时除了蜀地的张鲁之外，三辅的骆曜、河北的张角、汉中的张修等人也先后创立教派。

---

① 《后汉书》卷七五《刘焉传》，中华书局1965年版，第2435页。

骆曜教民缅匿法，角为太平道，修为五斗米道。太平道师持九节杖，为符祝，教病人叩头思过，因以符水饮之。病或自愈者，则云此人信道，其或不愈，则云不信道。修法略与角同，加施净室，使病人处其中思过。又使人为奸令祭酒，主以《老子》五千文，使都习，号"奸令"。为鬼吏，主为病者请祷。……使病者出米五斗以为常，故号"五斗米师"也。"二小人昏愚，竟共事之"。①

出米互济，符祝疗病，人们抛弃了神圣的上天和君王，企图通过众人的团结互助和另一种神秘的力量来与群发迭起的灾害相抗衡。然而实践告诉广大下层贫民，这种抗衡方式是无效的，灾害依然不断地威胁着他们的生存，统治者对他们的压榨也越来越残酷，在此生死存亡之际，人们利用道教联络组织起来，冲天造反，"犯上作乱"，由此而产生出东汉末年规模浩大的黄巾大起义。广大劳动人民运用暴力手段对统治阶级和天人感应神学展开武器的批判，而这种批判远比王充、王符等人的理论批判要权威得多，强有力得多。东汉王朝因此而"忽喇喇似大厦倾"；天人感应神学也随之而"昏惨惨似灯将尽"。

---

① 《后汉书》卷七五《刘焉传》注引《典略》，中华书局1965年版，第2436页。

第三章 儒家经学途穷

儒家经学的典籍，最初是指《诗》《书》《礼》《乐》《易》《春秋》等所谓的儒家"六经"。秦始皇焚书之时，六经首当其冲，除了《易》经作为卜筮之书而未遭火灾之外，其他儒家典籍均在焚烧之列。武帝崇儒，立五经博士，儒学勃然而兴，传其业者甚多。至宣、元之世，共有十五家列于学官：《易》为施、孟、梁丘、京氏四家，《书》为欧阳、大夏侯、小夏侯三家，《诗》为齐、鲁、韩三家，《礼》为大戴、小戴、庆普三家，《春秋》为公羊、谷梁二家。因此时所传儒经均为汉初隶书本，故曰经今文学。成、哀之时，刘向、刘歆父子相继校书，倡费氏《易》，孔安国《古文尚书》，毛氏《诗》，《周礼》，《逸礼》，《春秋左氏传》。因这些书是用汉代以前的以前文字所写，故曰经古文学。虽然当时因众博士的反对，这些经古文学未列入学官，但至东汉，其势大盛。肃宗"诏高才生受《古文尚书》《毛诗》《谷梁》《左氏春秋》，虽不立学官，然皆擢高第为讲郎，经事近署。"① 硕学大儒如郑众、贾逵、许慎、马融等人皆醉心其中，且开门授徒，经古文学遂成学术之主流，而经今、古文之间的矛盾也就随之尖锐起来，势如水火，相互攻讦不已。直到近代，经今古文之争仍是学术界的一个热门话题，溯其源头则在两汉。

儒家经学是天人感应神学思想的载体和基石，所以，它的内在结构与发展趋向对于天人感应神学的生存发展起着相当大的制约

---

① 《后汉书》卷七九上《儒林传上》，中华书局1965年版，第2546页。

作用。

　　汉代儒学，主要是继承发展了先秦儒学中荀子学派的思想，即重在强调外在的、整体的礼法纲纪，并将这个外在的群体秩序规范同阴阳五行的东西糅合在一起，由此而使儒经披上了一层神秘的外衣。而先秦儒学之中强调个体人格价值的思孟学派在两汉却遭到了忽略和冷遇。

　　至于两汉经学的发展，自天人感应神学形成的同时，即汉武帝采用董仲舒的"罢黜百家，独尊儒术"的建议之后，儒家经学遂出现两种发展趋势：一是空守章句师说以至烦琐迂阔。《汉书》卷八八《儒林传》云：

> 自武帝立五经博士，开弟子员，设科射府，劝以官禄，讫于元始，百有余年，传业者寖盛，支叶蕃滋，一经说至百余万言，大师众至千余人，盖禄利之路然也。

同书卷三〇《艺文志》云：

> 后世经传既以乖离，博学者又不思多闻阙疑之义，而务碎义逃难，便辞巧说，破坏形体，说五字之文，至于二三万言。后进弥以驰逐，故幼童而守一艺，白首而后能言。安其所习，毁所不见，终以自蔽，此学者之大患也。

　　这种空守章句师说以致烦琐迂阔的风气至东汉更是变本加厉。《后汉书》卷三五《郑玄传》论曰：

> 及东京，学者亦各名家，而守文之徒，滞固所禀，异端纷纭，互相诡激，遂令经有数家，家有数说，章句多者或乃百余万言，学徒劳而少功，后生疑而莫正。

同书卷七九下《儒林传论》亦曰东汉儒生"专相传祖，莫或讹杂。至有分争王庭，树朋私里，繁其章条，穿求崖穴，以合一家之说。"两汉经学的另一发展趋势是与阴阳五行灾异谶纬之说紧密结合，援天道证人事以至荒诞不经。《汉书》卷二七上《五行志》云：

> 景、武之世，董仲舒治《公羊春秋》，始推阴阳，为儒者宗。宣、元之后，刘向治《谷梁春秋》，数其祸福，传以《洪范》，与仲舒错。至向子歆……言《五行传》，又颇不同。

此处说的是两汉儒学与阴阳五行学术相糅合的一个大致过程，考诸实际，言之不虚。本书《导言》中已言，董仲舒的天人感应神学是将阴阳家作为其体系构架的骨骼的，所以，其理论体系中融进了大量阴阳五行的内容。近人梁启超言，董仲舒的《春秋繁露》祖述阴阳家言者几居半。仅举其篇目即有《五行对》《五行之义》《阳尊阴卑》《王道通三》《天辨在人》《阴阳位》《阴阳终始》《阴阳义》《阴阳出入》《天道无二》《暖燠孰多》《其义》《同类相动》《五行相生》《五行相胜》《五行顺逆》《治水五行》《治乱五行》《五行变救》《五行五事》《天地之行》《如天之为》《天地阴阳》等二十三篇。[①] 至于刘向传《洪范》之事，《汉书》卷三六《刘向传》有载：

> 诏向领校中《五经》秘书，向见《尚书·洪范》，箕子为武王陈五行阴阳休咎之应。向乃集合上古以来历春秋六国至秦汉符瑞灾异之记，推迹行事，连传祸福，著其占验，比类相从，各有条目，凡一篇，号曰《洪范五行传论》，奏之。

[①] 见《阴阳五行说之来历》，《古史辨》第5册，下编，上海古籍出版社1982年版，第211—219页。

《洪范》本为《尚书》中的一篇，相传是武王克殷后访问箕子，箕子对其陈述的治理国家的大法。它把人事的"貌、言、视、听、思"和天气的"雨、旸、燠、寒、风"合在一起，以为天气的变化与重的一举一动有关，实际是战国后期阴阳五行家的托古之说，因此受到刘向等人特别的青睐。不过，这种以阴阳五行理论解说现实，援天道以证人事的做法并不只是董仲舒、刘向父子的偏好，而是其时代学术的特点，董、刘等人只是充当了领头人物而已。故梁启超在《阴阳五行说之来历》中曰：

> 仲舒以儒学大师而态度如此，故一时经学家皆从风而靡。仲舒自以此术治《春秋》，京房、焦赣之徒以此术治《易》，夏侯胜、李寻之徒以此术治《书》，翼奉、睦孟之徒以此术治《诗》，王史氏之徒以此术治《礼》。①

今人周予同在《周予同经学史论著选集》中亦曰：西汉经学"在思想方面，往往与方士混合，相信'天人相与'的学说，而专谈阴阳、占验、灾异。"只要我们翻开《汉书·五行志》，其个中特色也可略知一个大概。

光武中兴，谶纬阴阳五行休咎之说与儒家经典的结合更加密切，至章帝于白虎观台集儒士讨论刊定儒家经典，把这种结合推到了顶点。《后汉书》卷五九《张衡传》曰：

> 初，光武善谶，及显宗、肃宗因祖述焉。自中兴之后，儒者争学图纬，兼复附以訞言。

烦琐迂阔，荒诞不经，两汉经学的这两种发展趋向决定了它生命的苍白无力。之所以能在两汉长期生存，并非因为它自身的活

---

① 《古史辨》第 5 册，下编，上海古籍出版社 1982 年版，第 211—219 页。

力，而是取决于社会的需要。这种需要主要来自两个方面。一方面是最高统治者需要它来论证自己身份的神圣，地位的合理。用它来约束人们的行为举止，以便稳定现存的统治秩序。这一点《后汉书》的作者范晔看得很清楚，他于《儒林传》中评论说，尽管汉代经学烦琐迂滞，"然所谈者仁义，所传者圣法也。故人识君臣父子之纲，家知违邪归正之路"。另一方面是士大夫需要它来充当入世的铺路石，当官的敲门砖，即班固所言的"盖禄利之路然也"。

正因为两汉经学所宣扬的是一种整体秩序规范，缺乏关于个体人格方面的理论，同时更由于两汉经学缺乏生命内部的活力，完全依靠社会的需要来维系自己的存在，所以一旦社会出现动荡变化，其苍白贫困的本质便立即暴露出来了。东汉自安顺帝时始，自然灾害频繁屡现，将灾异之说，休咎之应推入了难以自圆其说的窘境，而其苍白贫困的内部结构又使它无法摆脱这种窘境，两汉经学已经难以再为天人感应神学的生存提供新的理论了。同时，接连不断的灾祸、死亡和政治的腐朽黑暗，在社会上引起了巨大的忧虑和恐惧，人们迫切希望能有一种学术理论对此作为较为满意的解答，这也正是苍白贫困的两汉经学所难以承当的任务，所以说两汉经学至东汉后期已是日暮途穷。由于两汉经学是天人感应神学的理论基石，是其生存的载体，所以，它的衰落必然会影响天人感应神学的生存。换言之，两汉经学的枯萎是造成天人感应神学体系崩溃的又一个不容低估的原因。

为了满足精神上的需求，东汉后期的文人学士于经学走向衰亡之际，多采用如下两种手法来对其进行改造和取代。

一，抛弃摈落汉儒注经糟粕——如章句、谶纬之类，用传解经，以简驭繁。

二，跳出传统儒经的范围，到老庄之学中寻找对现实的解答。

张衡于此开其先河，他在上奏《请禁绝图谶疏》中云："宜收藏图谶，一禁绝之，则朱紫无所眩，典籍无瑕玷矣。"① 他又撰写《骷髅赋》《思玄赋》等，转向老庄之学，追求理想之人格：

> 天长地久岁不留，俟河之清祗怀忧。愿得远度以自娱，上下无常穷六区。超逾腾跃绝世俗，飘摇神举逞所欲。天不可阶仙夫希，柏舟悄悄吝不飞。松乔高跱孰能离？结精远游使心摧。回志竭来从玄谋，获我所求夫何思！②

至马融，则有一个大的发展。贺昌群言："至少至马融之世，阴阳术数灾异之说寝衰，而渐回复于著重以义理解经之趋势矣"③。且马融除"以义理解经"之外，还注《老子》《淮南子》《离骚》等。可见儒家思想已不能满足他的精神需求，故只好另辟蹊径。此与张衡转向老庄之学相类似，只是比张衡更进一步而已。应该指明的是，改造和取代儒家经学的做法并不仅仅是马融的个人行为，而且是一股不可遏止的社会思潮。《后汉书》卷七九上《儒林传》序云：

> 本初元年，梁太后诏曰："大将军下至六百石，悉遣子就学，每岁辄于乡射一飨会之，以此为常。"自是游学增盛，至三万余生。然章句渐疏，而多以浮华相尚，儒者之风盖衰矣。

"章句渐疏"，说明两汉传统经学大势已去，"多以浮华相尚"则说明人们已另开新域。这种变化在马融的两位高足身上有着充分的表现，卢植"少与郑玄俱事马融，能通古今之学，好研精而不守章句"④。而郑玄则终身以学术为业，"博稽六艺"⑤，遍注群经。其

---

① 《后汉书》卷五九《张衡传》，中华书局 1965 年版，第 1912 页。
② 《后汉书》卷五九《张衡传》，中华书局 1965 年版，第 1938 页。
③ 贺昌群著：《魏晋清谈思想初论》，商务印书馆 1947 年版，第 10 页。
④ 《后汉书》卷六四《卢植传》，中华书局 1965 年版，第 2113 页。
⑤ 《后汉书》卷三五《郑玄传》，中华书局 1965 年版，第 1209 页。

手法与其师无异，重在摈落抛弃两汉经学的烦琐迂阔和荒诞不经，即所谓"网罗众家，删裁繁诬"①。实际上是对两汉经学作了一次总结性的清理，同时也是在为迎接新的主人——魏晋玄学——做一次打扫房子，清理垃圾的工作。这里需要特别指出的是，郑玄在"网罗众家，删裁繁诬"的同时，已经开始了直接以义理解说儒经和以《老子》解说《易》经这个学术发展的新趋向。对此，今人金春峰在《汉代思想史》中作了较为详细的考察论说：如《易》，艮上艮下，艮卦，郑玄注云："艮为山，山立峙各于其所，无相顺之时，犹君在上，臣在下，恩敬不相与通。"前半句以卦象艮为山，只起类比作用，重在引发出君臣关系应相顺相通的义理，而义理与卦象是完全无关的。其手法类似后来王弼的"得意忘言"之说，由此也可看出郑玄学术对魏晋玄学的联系和影响。郑玄在以《老》解《易》的过程中，提出了"无""有""自生""自成""自通""自彰""自得""理""本体"等范畴。如在《乾凿度》注中，郑玄注"太易者未见气也，太初者气之始也"曰："以其寂然无物，故名之为太易，元气之所本始。太易既自寂然无物矣，焉能生此太初哉！则太初者，亦忽然而自生。"注"气形质具而未离，故曰浑沦"曰："虽合此三始，而犹未有分判。老子曰：'有物浑成，先天地生'。"金春峰指出，贯穿于郑玄注中的思想有四个要点。

一，自然无为，物性自得，故反复说："忽然而自生"，"自成"，"自通"，"自得"，"自动"，"自专"，"自彰"。总之"易道无为""天下之性莫不自得"。

二，本体寂然虚无清静。"惟虚无也，故能感天下之动，惟清静也，故能怡天下之明。"

三，从无入有，有生于无。"太易无也，太极有也，太易从无入有。""一者，无也。"

---

① 《后汉书》卷三五《郑玄传》论，中华书局1965年版，第1213页。

四，以理释道。"道者理也"，提出穷天地万物之理①。

可以这样认为，郑玄是由两汉经学向魏晋玄学转折过程中的一位关键性的人物。郑玄之后，荆州学派又代之而向深入。

东汉末年，军阀混战，天下大乱，雄踞荆州的刘表借机广揽天下学者。《全后汉文》卷九一王粲《荆州文学记官志》曰：

> 有汉荆州牧曰刘君，稽古若时，将绍厥绩。……乃命五业从事宋衷所作文学。延朋徒焉。宣德音以赞之，降嘉礼以功之。五载之间，道化大行。者德故老綦毋闿等负书荷器，自远而至者三百有余人。

这就是所谓的"荆州学派"。至于这个学派对待儒家经学的态度，《荆州文学记官志》曰：

> 夫《易》惟谈天，入神致用，故《系》称旨远辞文，言中事隐，韦编三绝，固哲人之骊渊也。《书》实纪言，而诂训庄昧，通乎《尔雅》，则文意晓然。故子夏叹《书》：昭昭若日月之明，离离如星辰之行，言昭灼也。《诗》主言志，诂训《周书》，擿风裁兴，藻词谲喻，温柔在诵，最称衷矣。《礼》以立体据事，章条纤曲。执而后显，采缀生言，莫非宝也。《春秋》辨理，一字见义，五石六鹢，以详备成文，雉门两观，以先后显旨，婉章志晦，原已邈矣。

观此文，既非烦琐迂阔的解说，亦无谶纬术数的附会，而是对儒经的一种比较客观的评论。其学术倾向是可以由此窥见一斑。为了使我们对此问题作进一步的了解，这里再援引二则记载：《三国志》卷六《刘表传》注引《英雄记》云：

---

① 金春峰：《汉代思想史》，中国社会科学出版社1987年版，第603—611页。

州界群寇既尽，表乃开立学官，博求儒士，使綦毋闿、宋忠等撰《五经章句》，谓之《后定》。

《全三国文》卷五六《刘镇南碑》云：

君深愍学本离直，乃令诸儒改定《五经章句》，删划浮辞，芟除烦重。

这就是说，荆州学派的学术仍是继承张衡、马融等人的传统，重在清理、简化儒经的注释，继续郑玄的清除两汉经学垃圾的工作。至于这个学派是否已跳出传统儒经的范围而转向人本体的探求，现还未有获得明确的资料证据，但南齐王僧虔的《诫子书》中有一段话却透露出有关这方面的信息：

且论注百氏，荆州《八袠》，又《才性四本》、《声无哀乐》、皆言家口实，如客至之有设也……汝曾未窥其题目，未辨其指归，六十四卦，未知何名；《庄子》众篇，何者内外；《八袠》所载，凡有几家。①

我们知道，《才性四本》《声无哀乐》《庄子》等都是魏晋名士们进行人本体探索的重要读物，而王僧虔将荆州学派的《八袠》与这些著作并列，可见它的内容与这些著作有相似之处，故汤用彤由此推论云：

据此不独可见荆州经学家数不少，卷帙颇多，而其内容必与玄理大有契合。故即时至南齐，清谈者犹视为必读之书也。②

---

① 《南齐书》卷三三《王僧虔传》，中华书局1972年版，第598—599页。
② 汤用彤：《王弼之周易论语新义》，汤用彤著《汤用彤学术论文集》，中华书局1983年版，第265页。

汤氏还通过对荆州学派领袖人物宋衷的考据，得出了与此相同的结论：

> 荆州儒生最有影响者，当推宋衷。仲子不惟治古文，且其专长似在《太玄》。王肃从读《太玄》，李譔学源宋氏，作《太玄指归》。江东虞翻读宋氏书，乃著《明杨》、《释宋》……可见汉末，孔门性道之学，大为学士所探索。因此而《周易》见重，并及《太玄》。亦当时学风之表现。①

综上所述可知，两汉经学衰落之后，清理、简化儒经的注释和借助老庄之学进行人本体的探索，便成了东汉后期学术发展的主要趋向。正始年代的王弼沿着这一趋向进一步深化，完全转向人的本体论的探索，于母腹之中躁动许久的新生命终于呱呱落地，开始了自己独立的存在和成长，而两汉经学也就走完了自己的全部历程。"这种逐渐的、并未改变整个面貌的颓毁败坏，突然为日出所中断，升起的太阳就如同闪电般一下子建立了新世界的形象"②。

---

① 汤用彤：《王弼之周易论语新义》，汤用彤著《汤用彤学术论文集》，中华书局1983年版，第266页。
② ［德］黑格尔：《精神现象学》，贺麟、王玖兴译，商务印书馆1979年版，第7页。

第四章　士大夫失去依托

心理学家研究认为：每个人都有一种表现自己，实现自我价值的强烈要求。而按照董仲舒的天人感应神学理论，个体的价值只能到群体之中才能得到确立，个体只有紧紧地依附国家、君王身上才能求得不朽，而积极入世、干进求禄、忠君为国、建功立业则成了士大夫确立个体价值的主要内容。这样一来，个体与社会，臣吏与君王之间必须处于一种和谐统一的状态之中，个体的价值才有确立的保障，否则就会出现障碍。

东汉后期，纲纪颓弛，国事日非，士大夫一个个焦心如焚，纷纷挺身而出，改弊匡失，舍身为国，与社会的腐朽势力进行不屈不挠的斗争[①]。然而，皇帝不仅没有接受士大夫的一片忠心，反而在宦官的煽动之下，一次次对士大夫举起了屠刀，杨震、李固、李云、杜乔等一大批忧国之士都曾先后倒于血泊之中，而桓、灵帝对"党人"的迫害和屠杀则更为酷烈：桓帝延熹九年，河内张成勾结宦官通过弟子牢修上书诬告士大夫领袖李膺等人与太学游士、诸郡生徒"共为部党，诽讪朝廷"，于是桓帝大怒，下令将李膺等二百余人抓进监牢，虽然次年将这些士大夫放了出来，但仍"禁锢终身"，不得做官。灵帝建宁二年，张俭乡人朱并承宦官意旨，上书告张俭于乡中结党"图危社稷"，灵帝下令捕俭等，"大长秋曹节因此讽有司奏捕前党故司空虞放、太仆杜密、长乐少府李膺、司隶校尉朱寓、颍川太守巴肃、沛相荀翌、河内太守魏朗、山阳太守翟

---

① 参见拙稿《东汉后期的忧国之士初探》，载《华中师范大学学报》1985年第2期。

超、任城相刘儒、太尉掾范滂等百余人，皆死狱中"。后又迫害不断，"其死徙废禁者，六七百人"。熹平五年，"又诏州郡更考党人门生故吏父子兄弟，其在位者，免官禁锢，爰及五属"。"海内涂炭，二十余年，诸所蔓衍，皆天下善士"①。个体遭到了社会的蹂躏，士大夫为皇帝所抛弃，传统的价值观念被殷红的鲜血所冲溃，士大夫由此而陷入了巨大的悲苦和迷惘之中：

> 桓帝世，党锢事起，守外黄令陈留张升去官归乡里，道逢友人，共班草而言。升曰："吾闻赵杀鸣犊，仲尼临河而反；覆巢竭渊，龙凤逝而不至。今宦竖日乱，陷害忠良，贤人君子其去朝乎？夫德之不建，人之无援，将性命之不免，奈何？"因相抱而泣。②

按照天人感应的神学理论，修身、齐家、治国、平天下是一个不可分割的统一整体，修身立德本是干进求禄、建功立业的先决条件，现在却同流血丧生连在一起，怎能不令士大夫迷惘费解？传统的价值观崩溃了，行为失去了依据，又怎能不使士大夫发出"奈何"的疑问？

第一次党锢之祸时，李膺被免官回乡禁锢，其友荀爽见朝野有请李膺入朝之意，"恐其名高致祸，欲令屈节以全乱世"③，便致函李膺劝曰："愿怡神无事，偃息衡门，任其飞沉，与时抑扬。"④ 然李膺不听其劝，于陈蕃、窦武"共秉朝政"之时，出任长乐少府。

> 后张俭事起，收捕钩党，乡人谓膺曰："可去矣"。对曰："事不辞难，罪不逃刑，臣之节也。吾年已六十，死生有命，

---

① 《后汉书》卷六七《党锢列传》序，中华书局1965年版，第2187—2189页。
② 《后汉书》卷八三《逸民列传》，中华书局1965年版，第2775—2776页。
③ 《后汉书》卷六七《党锢列传·李膺传》，中华书局1965年版，第2195页。
④ 同上书，第2196页。

去将安之?"乃诸诏狱。考死,妻子徙边,门生、故吏及其父兄,并被禁锢。①

正因为李膺将个体与国家融为一体,所以尽管屡起屡贬,但对朝廷依然忠贞不贰,所以他不愿接受荀爽的屈节全身,"与时抑扬"的规劝。如果将其同国家朝廷割裂开来,便会感到迷惘无所措,所以才有"去将安之"之问。

这种迷惘的心态在曾"慨然有澄清天下之志"的范滂身上亦有充分的表现:第一次党锢之祸时,他被诬下狱,备受楚毒,不由仰天叹曰:"古之循善,自求多福;今之循善,身陷大戮。身死之日,愿埋滂于首阳山侧,上不负皇天,下不愧夷、齐"。

> 建宁二年,遂大诛党人,诏下急捕滂等。督邮吴导至县,抱诏书,闭传舍,伏床而泣。滂闻之,曰:"必为我也"。即自诣狱。县令郭揖大惊,出解印绶,引与俱亡。曰:"天下大矣,子何为在此?"滂曰:"滂死则祸塞,何敢以罪累君,又令老母流离乎!"其母就与之决……跪受教,再拜而辞。顾谓其子曰:"吾欲使汝为恶,则恶不可为;使汝为善,则我不为恶?"行路闻之,莫不流涕。②

修齐治平,本为不可割裂之整体,祛恶循善,亦是儒学历来之主张,而今之循善,却"身陷大戮"。人生的价值何在? 立身之本何在? 传统的价值观念合理吗? 范滂困惑了,百思不得其解。所以他要仰天长叹,所以他要向儿子留下一份带问号的遗嘱:"使汝为恶?"根据先圣哲人的教诲,恶是不可为的;"使汝为善?"但自己循善一生,到头来却落了个如此悲惨的下场。究竟应该如何是好

---

① 《后汉书》卷六七《党锢列传·李膺传》,中华书局1965年版,第2197页。
② 《后汉书》卷六七《党锢列传·范滂传》,中华书局1965年版,第2207页。

呢？这与其说是遗嘱，毋宁说是范滂迷惘心态的自我表白。

东晋后期的葛洪曾对东汉桓、灵之际的郭泰之为人大惑不解，于其著《抱朴子》卷四六《正郭》篇中云：

> 知汉之不可救，非其才之所办审矣，法当仰脐商洛，俯泛五湖，追巢父于峻岭，寻渔父于沧浪。若不能结踪山客，离群独往，则当掩景渊洿，韬鳞括囊。而乃自西徂东，席不暇温，欲慕孔墨栖栖之事。

葛洪这是在以自己的心态来批评郭泰。而郭泰的不隐不仕，不出不入的矛盾做法正是由传统的价值观同险恶现实的巨大矛盾所造成的。按传统的价值观念，国难当头，理应挺身而出为国分忧。然严酷的现实又明确地告诉他如此则有杀身之祸。这种个体与朝廷、传统价值观与险恶现实的尖锐矛盾将郭泰等人置于左右为难、不知所措的境地。不隐不仕，不出不入的表现，正是其矛盾困惑心态的反映。"建宁元年，太傅陈蕃、大将军窦武为阉人所害，林宗哭之于野，恸。既而叹曰：'人之云亡，邦国殄瘁'，'瞻乌爱止，不知于谁之屋'耳。"[①] 巨大的悲痛之中充满着对国家前途的深切忧虑。

《后汉书》卷四五《袁闳传》云：

> 延熹末，党事将作，闳遂散发绝世，欲投迹深林。以母老不宜远遁，乃筑土室，四周于庭，不为户，自牖纳饮食而已。旦于室中东向拜一母。母思闳，时往就视，母去，便自掩闭，兄弟妻子莫得见也。及母殁，不为制服设位，时莫能名，或以为狂生。潜身十八年，黄巾贼起，攻没郡县，百姓惊散，闳诵经不移……年五十七，卒于土室。

---

① 《后汉书》卷六八《郭太传》，中华书局1965年版，第2226页。

潜身土室之中与世隔绝终生，于今日看来似乎是精神不正常的表现，但实际上是袁闳于传统价值观面临崩溃，个体与社会关系处于对抗破裂而又看不到前途的一种迷惘焦虑心态的反映。所以尽管袁闳终日生活于与世隔绝的土室之中，但仍然"诵经"不辍，那是他生命的唯一支撑点。

自汉武帝采纳董仲舒的建议将文官制度作为天人感应神学体系的一个重要组成部分之后，读经修身，然后通过察举征辟之途入仕，干进求禄建功立业，以实现个体价值的确立，便成了两汉士大夫的必由之路。即便是两汉之交的动乱岁月，这种观念也未曾动摇过。《后汉书》卷三七《桓荣传》云：

（光武帝）以荣为少傅，赐以辎车、乘马。荣大会诸生，陈其车马、印绶，曰："今日所蒙，稽古之力也，可不勉哉！"

（建武）三十年，拜为太常。荣初遭仓卒，与族人桓元卿同饥厄，而荣讲诵不息。元卿嗤荣曰："但自苦气力，何时复施用乎？"荣笑不应。及为太常，元卿叹曰："我农家子，岂意学之为利乃若是哉！"

然时至东汉后期，这条士大夫实现个体价值的必由之路却出现了障碍。一方面，外戚、宦官两大集团为了扩充各自夺权的实力，逐渐将察举制度演变成为拉帮组派，结党营私的工具。卿校牧守之选，皆出各自私门，或"任其子弟、宾客以为州郡要职"，或委派"年少庸人，典据守宰"[①]。致使朝廷"侍中并皆年少，无一宿儒大人可顾问者"[②]。另一方面，汉灵帝办鸿都门学，招宣陵孝子，于西园、鸿都门开价卖官，彻底否定察举之制，对士大夫的打击尤烈。

《后汉书》卷六十下《蔡邕传》云：

[①] 《后汉书》卷五四《杨秉传》，中华书局1965年版，第1772页。
[②] 《后汉书》卷六三《李固传》，中华书局1965年版，第2081页。

> 初，帝好学，自造《皇羲篇》五十章，因引诸生能为文赋者，本颇以经学相招，后诸为尺牍及工书鸟篆者，皆加引召，遂至数十人。侍中祭酒乐松、贾护，多引无行趋执之徒，并待制鸿都门下，熹陈方俗闾里小事，帝甚悦之，待以不次之位。又市贾小民，为宣陵孝子者，复数十人，悉除为郎中、太子舍人。……
>
> 光和元年，遂置鸿都门学，画孔子及七十二子像。其诸生皆敕州郡三公举用辟召，或出为刺史、太守，入为尚书、侍中，乃有封侯赐爵者，士君子皆耻与为列焉。

如此一来，圣人的经典被抛弃了，干进求禄的道路被堵死了，传统的价值观念被打碎了。这在士大夫看来，无疑是灭顶之灾。于是他们惊呼诅咒，奋力抗争。还在"无行趋势之徒"以书篆俚语待制鸿都门下之时，议郎蔡邕便以汉之成规劝灵帝重视孝廉、贤良、文学之选，不可重用聚集于鸿都门下的"斗筲小人"，不能让他们"理人及仕州郡"，而对于宣陵孝子这批"丘墓凶丑之人"，应该罢除他们的"太子舍人"的官衔"遣归田里"。① 尚书令阳球亦上疏劝灵帝注重通过太学、东观选士，"愿罢鸿都之选，以消天下之谤"。② 灵帝的师傅杨赐对此批评尤烈：

> 又鸿都门下，招会群小，造作赋说，以虫篆小技见宠于时，如驩兜、共工更相荐说，旬月之间，并各拔擢……而令搢绅之徒委伏畎亩，口诵尧舜之言，身蹈绝俗之行。弃捐沟壑，不见逮及。冠履倒易，陵谷代处，从小人之邪意，顺无知之私欲，不念《板》、《荡》之作，虺蜴之诫。殆哉之危，莫过于今。③

---

① 《后汉书》卷六〇下《蔡邕传》，中华书局 1965 年版，第 1998 页。
② 《后汉书》卷七七《酷吏列传·阳球传》，中华书局 1965 年版，第 2499 页。
③ 《后汉书》卷五四《杨赐传》，中华书局 1965 年版，第 1780 页。

但是，灵帝不仅不听劝谏批评，反而将鸿都文学之选发展为鸿都门学，以此来取代察举之制。蔡邕于无可奈何之中抬出了天，企图用天威来钳制住灵帝，疏通士大夫的必由之路。《后汉书》卷六〇下《蔡邕传》云：

又特诏问曰："比灾变互生，未知厥咎，朝廷焦心，载怀恐惧……以邕经学深奥，故密特稽问，宜披露失得，指陈政要，勿有依违，自生疑讳。具对经术，以皂囊封上"。邕对曰："……又尚方工技之作，鸿都篇赋之文，可且消息，以示惟忧……宰府孝廉，士之高选。近者以辟召不慎，切责三公，而今并以小文超取选举，开请托之门，违明王之典，众心不厌，莫之敢言。臣愿陛下忍而绝之，思惟万机，以答天望"。

然而，不论你是心平气和地劝谏，还是疾首痛心的训导，不管你抬出祖宗的成规抑或请来上天的威严，对于手握无限权力的灵帝来说都是毫无效用的。他可以随心所欲地给你一个"书奏不省"①，或者让你"徙朔方"②。而鸿都文学却照选不改，鸿都门学校亦照办不误。非但如此，中平年间，他又别出心裁的来了个开价卖官：

明年，南宫灾（《后汉书》卷八《灵帝纪》云：中平二年"二月己酉，南宫大灾，火半月乃灭。"）。让、忠等说帝令敛天下田亩税十钱，以修宫室二刺史、二千石及茂才孝廉迁除，皆责助军修宫钱，大郡至二三千万，余各有差。当之官者，皆先至西园谐价，然后得去。有钱不毕者，或至自杀。其守清者，乞不之官，皆迫遣之③。

是岁（中平四年），卖关内侯，假金印紫绶，传世，入钱

---

① 《后汉书》卷七七《酷吏列传·阳球传》，中华书局1965年版，第2499页。
② 《后汉书》卷五四《杨赐传》，中华书局1965年版，第1780页。
③ 《后汉书》卷七八《宦者列传·张让·赵忠传》，中华书局1965年版，第2535页。

五百万。①

　　寔从兄烈，有重名于北州，历位郡守、九卿。灵帝时，开鸿都门榜卖官爵，公卿州郡下至黄绶各有差。其富者则先入钱，贫者到官而后倍输，或因帝侍、阿保别自通达……烈时因傅母入钱五百万，得为司徒。及拜日，天子临轩百僚毕会。②

卖官鬻爵，灵帝之前的两汉历史上亦曾有之，如武帝元鼎年之前，就曾多次为之。③但那时察举之制尚未完全确立，所以在人们心中没有造成什么震动。东汉安帝时，"三公以国用不足，奏令吏人入钱谷，得为关内侯、虎贲羽林郎、五大夫、官府吏、缇骑、营士各有差"④。这次倒是天人感应神学体系建立之后的事，但由于它只是一项解决国家财政危机的应急措施，对察举征辟制度没有多大影响，所以士大夫也能接受。但是，灵帝于中平年间的大规模卖官鬻爵，却造成了严重的后果：一，卖官的目的是为塞满自己的口袋；二，一切官爵都唯钱是授，察举征辟制度完全被抛弃了。无论你是满腹经纶还是行若颜回，在此时统统变得一钱不值。即便是高功令誉之人，也必须先输财货然后才能获得官爵——如"太尉段颎，司徒崔烈、太尉樊陵、司空张温之徒，皆入钱上千万下五百万以买三公。颎数征伐有大功，烈有北州重名，温有杰才，陵能偶时，皆一时显士，犹以货取位"⑤。相反，即使是卑贱小人，只要有钱，同样可买得高官高爵——如曹操之父嵩本为宦官曹腾养子，这在当时士大夫眼中可谓不齿贱人，然灵帝时"输西园钱一亿万，故位至太尉"⑥。

---

① 《后汉书》卷八《灵帝纪》，中华书局1965年版，第355页。
② 《后汉书》卷五二《崔寔传》，中华书局1965年版，第1731页。
③ 见《西汉会要》卷四五《选举下·鬻官》，上海人民出版社1977年版，第512—523页。
④ 《后汉书》卷五《孝安帝纪》中华书局1965年版，第213页。
⑤ 《三国志》卷六《董卓传》注引《傅子》，中华书局1971年版，第179页。
⑥ 《后汉书》卷七八《宦者列传·曹腾传》，中华书局1965年版，第2519页。

第四章 士大夫失去依托

由于灵帝时将士大夫所熟悉的由读经、修身经察举征辟入世建功立业这条必由之路彻底否定了，传统的价值观念也因此而遭受到毁灭性的冲击，所以一种沉重的失落感在士大夫的心头滚动着，压迫他们发出了无可奈何的哀鸣：

> 有秦客者，乃为诗曰：河清不可俟，人命不可延。顺风激靡草，富贵者称贤。文籍虽满腹，不如一囊钱。伊优北堂上，抗脏倚门边。
>
> 鲁生闻此辞，系而作歌曰：势家多所宜，咳唾自成珠。被褐怀金玉，兰蕙化为刍。贤者虽独悟，所困在群愚。且各守尔分，勿复空驰驱。哀哉复哀哉，此是命矣夫！①

灵帝身后，天下大乱，曹操"挟天子以令诸侯"。由于局势的迫切需要，曹操于建安时期连下四道《求贤令》，抛出了用人不问德行，"唯才是举"的选举原则。这个选举原则割裂德与才的关系，并将才凌驾于德之上，对传统的价值观念作了最后的瓦解，因此在士大夫们的心中掀起了更大的波澜，遂产生了德与才关系的长期争辩。这一争辩一直延续到魏晋之际，即所谓的"才性四本"的争论。《世说新语·文学》云：

> 钟会撰《四本论》始毕，甚欲使嵇公一见，置怀中，既定，畏其难，怀不敢出，于户外遥掷，便回急走。

刘孝标注曰：

> 《魏志》曰：会论才性同异，传于世。四本者，言才性同，

---

① 赵壹：《刺世疾邪赋》，见《后汉书》卷八〇下《文苑·赵壹传》，中华书局1965年版，第2630页。

> 才性异，才性合，才性离也。尚书傅嘏论同，中书令李丰论异，侍郎钟会论合，屯骑校尉王广论离。

虽然魏晋之际"才性四本"的争辩在很大程度上已掺入了政治分野的因素①，但这个争辩却源于曹氏选举原则的提出，我们可由此窥见曹氏选举原则对士大夫们的震撼，也可由此去体会传统的价值观念遭到瓦解后的士大夫们的矛盾困惑的心态。

曹操的"不问德行、唯才是举"求贤原则虽然是出于局势的急需（或许还夹杂一点自己为宦官养子之后的私心！）与汉灵帝的开价卖官"唯钱是授"有所不同，但在瓦解天人感应神学体系上所引起的作用上二者却有着异曲同工之妙。至此，传统的价值观念被彻底打碎了，历史毫不留情地逼迫着士大夫去作新的思考，新的建构。

---

① 参见《陈寅恪魏晋南北朝史讲演录》，黄山书社1987年版，第46—49页。

第五章　皇帝遭到抛弃

众所周知，中国的"皇帝"诞生于秦王嬴政之手。《史记》卷六《秦始皇本纪》曰：

> 秦初并天下，令丞相、御史曰："……寡人以眇眇之身，兴兵诛暴乱，赖宗庙之灵，六王咸伏其辜，天下大定。今名号不更，无以称成功，传后世。其议帝号。"丞相绾……等皆曰："……今陛下兴义兵，诛残贼，平定天下，海内为郡县，法令由一统，自上古以来未尝有，五帝所不及。臣等谨与博士议曰，'古有天皇，有地皇，有泰皇，泰皇最贵。'臣等昧死上尊号，王为'泰皇'。……"王曰："去'泰'，著'皇'，采上古'帝'位号，号曰'皇帝'。"

可见皇帝这个称号当时是与个人的雄才大略和辉煌的业绩联系在一起的，虽然有点威严神圣，但并不显得神秘。

到董仲舒建构天人感应理论时，情况就不同了，皇帝的身上被披上一层神秘的外衣，演变成了"受命于天"的上天之子，是上天维护人间秩序、统治天下臣民的代理人。故《春秋繁露·王道通三》曰："人主立于生杀之位，与天共持变化之势。"既然皇帝是上天之子，那么，皇帝自然要虔诚地尊崇天的权威：

> 为人子而不事父者，天下莫能以为可，今为天之子而不事天，何以异是。是故天子每至岁首，必先郊祭以享天，乃敢为

地，行子礼也。每将兴师，必先郊祭以告天，乃敢征伐，行子道也。①

反过来，天对于他这位人间的儿子也自然要予以特别的关照：

国家将有失道之败，而天乃先出灾害以谴告之，不知自省，又出怪异以警惧之，尚不知变，乃伤败乃至，以此见天心之仁爱人君，而欲止其乱也。自非大亡道之世者，天尽欲扶持而全安之，事在强勉而已矣。②

这种天人相通，君权神授的观点伴随着天人感应神学思想的建立和发展，遂于社会的土壤中扎根立足，产生了相当的效果和影响。尽管西汉末年王莽曾利用五德终始、三统循环的理论导演了篡夺刘汉天下的一幕闹剧，但君权神授的观念在社会上不但没有因此而削弱，反而在反王莽的斗争中得到增强，新莽末年各支农民起义军和其他反莽武装组织的表现可以充分说明这一点。当我们翻开《后汉书》卷一一至卷一三时便可发现，当时的所有农民起义军和反莽武装组织，除了公孙弘曾自封为天子外，其他各支无不寻找、推举一刘氏子孙来充当首领（尽管其中有几位首领是冒充的刘汉皇室后裔，但冒充本身就说明君权神授观念的影响之大，逼得这些冒充者不得不如此）。如绿林军共议刘玄为天子，"是时海内豪杰翕然响应，皆杀其牧守，自称将军，用汉年号，以待诏命，旬月之间，遍于天下"③。又如赤眉军"欲立帝，求军中景王后者，得七十余人，唯（刘）盆子与（刘）茂及前西安侯刘孝最为近属。（樊）崇等议曰：'闻古天子将兵称上将军。'乃书札为符曰'上将军'，又以两空札置筒中，遂于郑北设坛场，祠城阳景王。诸三老、从事皆

---

① 《春秋繁露·郊祀》，见《春秋繁露义证》，中华书局1996年版，第405页。
② 《汉书》卷五六《董仲舒传》，中华书局1962年版，第2498页。
③ 《后汉书》卷一一《刘玄刘盆子传》，中华书局1965年版，第469页。

大会陛下，列盆子等三人居中立，以年次探札。盆子最幼，后探得符，诸将乃皆称臣拜"①。后来光武帝刘秀的拥有天下，在很大程度上可以说是得了这种"君权神授"观念的便宜。

然而，时至东汉后期，"君权神授"的观念却在频繁迭起的自然灾异的猛烈攻击下开始动摇了。

如前所述，东汉自安帝时始，地震、水旱、冰雹、蝗虫、瘟疫等自然灾害蜂拥而出，接连不断。按照天人感应神学的理论，这是上天对其人间的儿子——皇帝的谴告。于是，东汉后期的皇帝们也按照天人感应神学的理论，采用了诸如策免大臣，察举贤良，安抚灾民等以塞天咎的措施。但是，自然灾异依然不断涌出，致使皇帝们产生出一种被上天抛弃的孤独感、惶恐感，同时他们也对"君权神授"的观念产生了怀疑。桓帝派人到苦县祭祀老子，在宫中立黄老、浮屠之祠等行动，就是这种心态的充分表露。他是以此来寻找新的依托，消除心理上的恐惧不安（详见本书上编第三章）。《后汉书》卷八三《逸民传》中载有这样一则故事：

> 桓帝延熹中，幸竟陵，过云梦，临沔水，百姓莫不观者，有老父独耕不辍。尚书郎南阳张温异之，使问曰："人皆来观，老父独不辍，何也？"老父笑而不对。温下道百步，自与言。老父曰："我野人耳，不达斯语。请问天下乱而立天子邪？理而立天子邪？立天子以父天下邪？役天下以奉天子邪？昔圣王宰世，茅茨采椽，而万人以宁。今子之君，劳人自纵，逸游无忌，吾为子羞之，子何忍欲人观之乎！"温大惭，问其姓名，不告而去。

老父之语，言辞激烈，可以说是上承先秦道家学说之意，下启魏晋之际无君论之风，这从另一个侧面说明"君权神授"的神圣观

---

① 《后汉书》卷一一《刘玄刘盆子传》，中华书局1965年版，第480页。

念至东汉后期已经动摇。而这种动摇感并不只是产生在个别人的头脑之中，而是带有普遍性。和帝以降，国祚频绝，皇位的继承者多由外戚随意选择年幼无知之人来当，天之子的神秘性也就逐渐被淡化了。因此，士大夫们公开提出："今当立帝，宜择长年高明有德，任亲政事者。"① 这就是说，在选择皇位继承者时，主要是看被选者是否具有充当皇帝的素质，"君权神授"的观念在这里已经被排除了。同时，东汉末年的农民起义军也不再仿效绿林、赤眉军的做法——寻找刘氏后裔为皇帝，而是自立首领（张角称天公将军，角弟宝称地公将军，宝弟梁称人公将军），公开宣布"苍天已死，黄天当立"②，矛头直接指向东汉王朝的最高统治者——皇帝，也充分说明"君权神授"的观念于东汉末年已普遍衰落。

不过，彻底打碎"君权神授"的神话，则是在董卓之乱以降。《后汉书》卷一〇（下）《灵思何皇后纪》云：

> （董卓）将兵入洛阳，陵虐朝廷，遂废少帝为弘农王而立协，是为献帝。扶弘农王下殿，北面称臣。
>
> 明年（初平元年），山东义兵大起，讨董卓之乱。卓乃置弘农王于阁上，使郎中令李儒进酖，曰："服此药，可以辟恶。"王曰："我无疾，是欲杀我耳！"不肯饮。强饮之，不得已，乃与妻唐姬及宫人饮宴别。酒行，王悲歌曰："天道易兮我何艰！弃万乘兮退守蕃。逆臣见迫兮命不延，逝将去汝兮适幽玄！"因令唐姬起舞，姬抗袖而歌曰："皇天崩兮后土颓，身为帝兮命夭摧。死生路异兮从此乖，奈我茕独兮心中哀！"因泣下呜咽，坐者皆歔欷……（王）遂饮药而死，时年十八。

堂堂天子，无辜遭废，最后竟然被人肆意"夭摧"。怎不令

---

① 《后汉书》卷六三《李固传》，中华书局1965年版，第2083页。
② 《后汉书》卷七一《皇甫嵩传》，中华书局1965年版，第2299页。

"坐者皆嘘唏？"又怎能不在世人心头引起震荡？"皇天崩兮后土颓"，这悲凉的哀叹又岂止是唐姬一人的感受！

如果说少帝的被酖已对世人的心理造成了强刺激的话，那么，献帝的颠沛流离、任人欺辱的一生便将裹在皇帝身上的神秘外衣撕了个精光。

初平三年，王允诛董卓，卓部将李傕、郭汜等攻破长安，杀王允，虏献帝。随即李、郭等出现内讧，混战不已，献帝便成了他们手中争夺、挥舞的猎物。《后汉书》卷七二《董卓传》云：

> 傕因会刺杀樊稠于坐，由是诸将各相疑异，傕、汜遂复理兵相攻。安西将军杨定……与汜合谋迎天子幸其营，傕知其计，即使兄子暹将数千人围宫，以车三乘迎天子、皇后。太尉杨彪谓暹曰："古今帝王，无在人臣家者。诸君举事，当上顺天心，奈何如是！"暹曰："将军计决矣。"帝于是幸傕营，彪等皆徒从。……常使杨彪与司空张喜等十余人和傕、汜，汜不从，遂质留公卿……引兵攻傕，矢及帝前……
>
> 是日，傕复移帝幸其北坞，唯皇后、宋贵人俱。傕使校尉监门，隔绝内外。

兹后，献帝曾先后为段煨、杨奉、董承、曹操等人争夺劫持，皇帝的神圣威严至此也就被扫荡一空。如李傕于北坞监禁献帝之时，"诸侍臣皆有饥色，时盛暑热，人尽寒心。帝求米五斛，牛骨五具以赐左右，傕曰：'朝餔上饭，何用米为？'乃与腐牛骨，皆臭不可食"①。又如献帝"都安邑"之时，"其垒壁群竖，竞求拜职。刻印不给，至乃以锥画之。或赍酒肉就天子燕饮"②。

建安元年，献帝被曹操挟持至许，"宿卫兵侍，莫非曹氏党旧

---

① 《三国志》卷六《董卓传》引《献帝起居注》，中华书局1971年版，第184页。
② 《后汉书》卷七二《董卓传》，中华书局1965年版，第2349页。

姻戚",开始了他漫长的囚徒生活。议郎赵彦因尝为献帝陈言时策,"曹操恶而杀之"。董贵人因其父反曹操,操便求贵人杀之。"帝以贵人有妊,累为请,不能得"。伏皇后见状恐惧不安,与书其父完令密图曹操,"完不敢发"。建安十九年,此事泄露。曹操大怒,"遂逼帝废后"①。

  公遣华歆勒兵入宫收后,后闭户匿壁中。歆坏户发壁,牵后出。帝时与御史大夫郗虑坐,后被发徒跣过,执帝手曰"不能复相活邪?"帝曰"我亦不自知命在何时也"。帝谓虑曰"郗公,天下宁有是邪!"遂将后杀之,完及宗族死者数百人。②

  综上之述可知,董卓之乱以降,皇帝竟被一群具有军事实力的悍将武夫肆意玩弄于手掌之上,或废或立,或囚或杀,或劫以作猎物,或挟以令诸侯,而上天却不闻不问,无动于衷,上天之子的确是被无情地抛弃了,"君权神授"的观念也就自然土崩瓦解。这对于那些自幼熟读儒学经典的饱学之士来说,实在是太残忍了,无论如何都难以接受这一严酷的现实。他们痛苦、惶恐、焦虑、迷惘,因此而言语癫狂,举止乖张,嗜酒成性。《后汉书》卷七〇《孔融传》云:

  时年饥兵兴,操表制酒禁,融频书争之,多侮谩之辞。既见操雄诈渐著,数不能堪,故发辞偏宕,多致乖忤。……曹操既积嫌忌,而郗虑复构成其罪,遂令丞相军谋祭酒路粹枉状奏融曰:"……又融为九列,不遵朝仪,秃巾微行,唐突宫掖。又前与白衣祢衡跌荡放言,云:'父之于子,当有何亲?论其本意,实为情欲发耳。子之于母,亦复奚为?譬如寄物瓶中,

---

① 《后汉书》卷一〇下《献帝伏皇后纪》,中华书局1965年版,第453页。
② 《三国志》卷一《武帝纪》注引《曹瞒传》,中华书局1971年版,第44页。

出则离矣。'既而与衡更相赞扬。衡谓融曰：'仲尼不死。'融答曰：'颜回复生。'大逆不道，宜极重诛"。书奏，下狱弃市。

据《后汉书·孔融本传》云其"年十三，丧父，哀悴过毁，扶而后起，州里归其孝"。而与祢衡却有如此骇人惊世之语，（不孝之罪名虽为路粹所"枉状"，但此语当是孔融"偏宕"之"发辞"），反差如此之大，令人费解。但只要我们联系前面已引的"既见操雄诈渐著，数不能堪，故发辞偏宕，多致乖忤"这一背景，便可明白孔融是以此来宣泄心中的焦虑，并非出于本心真意。而这种焦虑在其友祢衡的身上则表现得更加严重：

融既爱衡才，数称述于曹操。操欲见之，而衡素相轻疾，自称狂病，不肯往，而数有恣言。操怀忿，而以其才名，不欲杀之。闻衡善击鼓，乃召为鼓史，因大会宾客，阅试音节。诸史过者，皆令脱其故衣，更著岑牟单绞之服。次至衡，衡方为《渔阳》参挝，踯躅而前，容态有异，声节悲壮，听者莫不慷慨，衡进至操前而止，吏诃曰："鼓史何不改装，而轻敢进乎？"衡曰："诺。"于是先解衵衣，次释余服，裸身而立，徐取岑牟、单绞而著之，毕，复参挝而去，颜色不怍。操笑曰："本欲辱衡，衡反辱孤。"

事后，孔融批评了祢衡并转告曹操愿与衡和好之意，衡谎称愿登曹府求见。操闻之大喜，待之极宴。"衡乃著布单衣，疏巾，手持三尺梲杖，坐大营门，以杖捶地大骂。"曹操大怒，忌其才名，令遣送刘表。

临发，众人为之祖道，先供设于城南，乃更相戒曰："祢衡勃虐无礼，今因其后到，咸当以不起折之也。"及衡至，众人莫肯兴，衡坐而大号。众问其故，衡曰："坐者为冢，卧者为尸，尸冢之间，能不悲乎！"①

　　从祢衡同大儒孔融的深厚交情可知他并非狂狷之徒，但他的言行举止却又的确令人瞠目，这种"狂疾"当是由其痛苦难忍的焦虑所致。从他屡次羞辱曹操这一现象可以窥见，其焦虑来源与孔融无异：是由于曹操的"雄诈渐著"。而那些祖道之人于国破君危之际无动于衷，安心于乱臣贼子门下求禄干进，这在祢衡看来无异于行尸走肉，所以他要号啕痛哭，以泄心中之悲愤。不可简单地以"勃虐无礼"之举视之。

　　皇帝神话的破灭，"君权神授"观念的瓦解，其后果不仅给士大夫带来了焦虑和痛苦，更严重的是，它使天人感应理论体系失去了灵魂，失去了生命。

---

① 《后汉书》卷八〇下《文苑·祢衡传》，中华书局1965年版，第2656页。

第六章　死神唤醒了人

由于两汉的统治思想——天人感应神学强调个体与群体的统一，强调修身齐家治国平天下的整体性，同时安定统一的社会又通过察举、征辟等手段为广大士大夫于群体之中确立个体提供了有利的条件，所以两汉士大夫热衷于积极入世，醉心于建功立业，自觉地将个体融化于群体之中，很少思考自我的真实存在。但随着人类的不断进化，人们的精神也就日益丰富。至东汉下半叶，被湮没甚久的孟轲所树立的个体人格观念开始为人们所注重，出现了对精神意境的向往，对独立人格的追求，对个体真实存在的思考。安、顺帝年间的大科学家张衡可以说是从事这类思考的早期代表人物。他的《归田赋》曰：

> 游都邑以永久，无明略以佐时；徒临川以羡鱼，俟河清乎未期。感蔡子之慷慨，从唐生以决疑。谅天道之微昧，追渔父以同嬉。超埃尘遐逝，与世事乎长辞。
> ……感老氏之遗诫，将回驾乎蓬庐。弹五弦之妙指，咏周孔之图书。挥翰墨以奋藻，陈三皇之轨模。苟纵心于物外，安知荣辱之所如？

在这篇《赋》里，传统的干进求禄、建功立业的价值观念隐遁了，弥漫着的是对安然恬静、富有诗意的精神境界的强烈向往之情（这种向往之情在张衡的《髑髅赋》《思玄赋》等作品中亦有大量的流露）。与此相伴随的是对独立人格的追求："不抑操而苟容兮，臂临河而无航。欲巧笑以干媚兮，非余心之所尝。"① 这种追求，在张衡稍后的王符那里，同样有着充分的反映：

> 所谓守者，心也。有度之士，情意精专，心思独睹，不驱于险墟之俗，不惑于众多之口；聪明悬绝，秉心塞渊，独立不惧，遁世无闷，心坚金石，志轻四海，故守其心而成其信。②

这种对精神意境的向往，对独立人格的追求，对个体真实存在的沉思等自我意识的觉醒，固然与人类的进化有着密切的联系，但在东汉后期作为一种社会现象而丰富地凸显出来，恐怕主要还是由死亡之神造成的。当时的死亡异常酷烈，其主要来自三个方面。

第一，瘟疫。

安帝元初六年四月，会稽郡爆发了大瘟疫，兹后，瘟疫就像一个无法摆脱的恶魔，同东汉王朝死死地纠缠在一起，安帝延光四年，顺帝永建四年，桓帝建和三年、元嘉元年、延熹四年、灵帝建宁四年、熹平二年、元和二年、元和五年、中平二年，献帝建安二十二年，频频出现（详见第二章的"表"），致使"京师厮舍，死者相枕，郡县阡陌，处处有之"。③ "家家有僵尸之痛，室室有号泣之哀，或阖门而殪，或举族而丧者。"④ 频繁且又规模庞大的死亡，在人们心中引起了巨大的恐慌和震撼。张衡于延光四年大疫后上封事曰：

> 臣窃见京师为害兼所及，民多病死，死有灭户。人人恐惧，朝廷焦心，以为至忧。臣官在于考变攘灾，思任防救，未知所由，夙夜征营。⑤

---

① 张衡：《思玄赋》，见《后汉书》卷五九《张衡传》，中华书局1965年版，第1916页。
② 《潜夫论》卷八《交际》，中华书局1985年版，第350页。
③ 《后汉书》卷七《桓帝纪》，中华书局1965年版，第294页。
④ 《后汉书》志第一七《五行志五》注，中华书局1965年版，第3351页。
⑤ 同上书，第3350页。

曹丕于建安二十二年的大疫之后，在致其好友吴质的书中说得更加哀痛感人：

> 昔年疾疫，亲故多离其灾，徐、陈、应、刘，一时俱逝，痛可言邪！昔日游处，行则连舆，止则接席，何曾须臾相失。……何图数年之间，零落略尽，言之伤心。……观其姓名，已为鬼录。追思昔游，犹在心目，而此诸子，化为粪壤，可复道哉！①

吴质复函的字里行间亦充盈着同样的伤感情调：

> 昔侍左右，厕坐众贤，出有微行之游，入有管弦之欢，置酒乐饮，赋诗称寿。自谓可终始相保，并骋材力，效节明主。何意数年之间，死丧略尽。臣独何德，以堪久长！②

第二，内部残杀。

东汉和帝以降，皇帝多冲龄即位，于是产生了外戚集团同皇帝、宦官集团争夺最高权力的拉锯战，先后有窦宪、邓骘、阎显、梁冀、窦武、何进六大外戚集团在这种拉锯战中惨遭覆灭。窦宪之败，宪及诸兄弟"皆迫令自杀"，其党羽"皆下狱诛"③；邓氏之灭，宗族多被迫自杀；④ 阎显之亡，其诸兄弟"及党与皆伏诛"⑤；梁冀之诛，"诸梁氏及孙氏（其妻族）中外宗亲送诏狱，无少长皆弃市……其他所连及公卿列校刺史二千石死者数十人，故吏宾客免

---

① 《文选》卷四二《与吴质书》。信中的徐、陈、应、刘指曹丕的好友徐干、陈琳、应玚、刘桢，均是"建安七子"中人。
② 《文选》卷四〇《吴质〈答魏太子笺〉》，上海古籍出版社1986年版，第1825页。
③ 《后汉书》卷二三《窦宪传》，中华书局1965年，第820页。
④ 《后汉书》卷六《邓骘传》，中华书局1965年版，第617页。
⑤ 《后汉书》卷一〇《安思阎皇后纪》，中华书局1965年版，第437页。

黜者三百余人，朝廷为空"①；窦武之溃，"枭首洛阳都亭，收捕宗亲、客、姻属，悉诛之，及刘瑜、冯述，皆夷其族"②；何进之败，亦被宦官斩首"于嘉德殿前"③。

这种统治集团的内部残杀，还表现在对士大夫的迫害上，一大批洁身自好、除暴镇恶的忧国之士如杨震、栾巴、刘陶、李云、杜乔、刘瑜、李固、陈蕃等，或饮酖道边，或闭气狱中，或暴尸街衢。④ 桓、灵之时的两次"党锢之祸"，把迫害推向了高峰（前已有述）；而曹操诛杀孔融、许攸、杨修、娄圭、崔琰等，则可视为这类迫害的继续。由于这种残杀是在士大夫身边进行的，所以对他们心灵的震撼最烈。同僚的鲜血，亲友的尸骨，逼迫着他们陷入沉思：什么是人生的价值？何为个体的真实存在？怎样方可摆脱受人宰割的灾祸？如何才能主宰自我生存的命运？这一连串的思考，必然会唤醒人的自我意识，造成传统价值观念的溃崩。

第三，战祸。

自灵帝中平元年爆发黄巾起义之后，大规模的战争便此伏彼起，从不间断，其对生灵的摧残远烈于自然界的瘟疫。

据《后汉书》卷七一《皇甫嵩朱儁传》云：东汉统治者在镇压黄巾起义的过程中，曾先后"斩首数万级"，"斩首七千余级"，"获首三万级，赴河死者五万许人"，"首获十万余人，筑京观于城南"，"斩首万余级"，"复斩万余级"。又据同书卷七二《董卓传》云：董卓败后，其部将李傕、郭汜等人击破河南尹朱儁于中牟，"因掠陈留颍川诸县，杀略男女，所过无复遗类"。随后攻入长安，"放兵虏掠，死者万余人"。后来李、郭内讧，"相攻连月，死者以万数"。当初董卓逼献帝西迁长安之时，三辅户口尚有数十万，"自傕、汜相攻，天子东归后，长安城空四十余日，强者四散，羸者相

---

① 《后汉书》卷三四《梁冀传》，中华书局1965年版，第1186页。
② 《后汉书》卷六九《窦武传》，中华书局1965年版，第2244页。
③ 《后汉书》卷六九《何进传》，中华书局1965年版，第2251页。
④ 《后汉书》各本传。

食，二三年间，关中无复人迹"。建安七子之一的王粲在回忆这段历史时，写有如下悲痛如泣的诗句：

  西京乱无象，豺虎方遘患。复弃中国去，远身适荆蛮。亲戚对我悲，朋友相追攀。出门无所见，白骨蔽平原。路有饥妇人，抱子弃草间。顾闻号泣声，挥涕独不还。未知身死处，何能两相完？驱马弃之去，不忍听此言。南登霸陵岸，回首望长安。悟彼下泉人，喟然伤心肝。①

曹操亦对当时的战乱作有如下的描写和感慨：

  铠甲生虮虱，万姓以死亡。白骨露于野，千里无鸡鸣。生民百遗一，念之断人肠。②

然而，正是这位曹操，同样是一个杀人如麻的屠夫："初平四年，曹操击（陶）谦，破彭城傅阳。谦退保郯，操攻之不能克，乃还。过拔取虑、睢陵、夏丘，皆屠之。凡杀男女数十万人，鸡犬无余，泗水为之不流。自是五县城保，无复行迹。初三辅遭李傕乱，百姓流依谦者皆歼。"③ 建安五年于官渡大败袁绍时，"前后所杀八万人"④。

以上所录，只不过是史书记载中的突出几例而已，史有明载的死亡远非此数，当然，未记入史书的死亡数更是无法计算的。

瘟疫、战乱、鲜血、尸骨，整个社会都被投掷在生死线上痛苦地挣扎、煎熬、呼号、呻吟，一种前所未有的艰辛、恐惧无情地折磨着人们的身体和心灵。下录一通汝南大族、"月旦评"的主要人

---

① 《文选》卷二三《哀伤》，上海古籍出版社1986年版，第1087页。
② 曹操：《蒿里行》，见《三曹集》，岳麓书社1992年版，第64页。
③ 《后汉书》卷七三《陶谦传》，中华书局1965年版，第2367页。
④ 《后汉书》卷七四《袁绍传》，中华书局1965年版，第2401页。

物许靖致曹操的信，可帮我们去窥见其一斑：

> 正礼师退，术兵前进，会稽倾覆，景兴失据，三江五湖，皆为虏庭。临时困厄，无所控告。便与袁沛、邓子孝等浮涉沧海，南至交州。经历东瓯、闽、越之国，行经万里，不见汉地，漂薄风波，绝粮茹草，饥殍荐臻，死者大半。既济南海，与领守儿孝德相见，知足下忠义奋发，整饬元戎，西迎大驾，巡省中岳。承此休问，且悲且喜，即与袁沛及徐元贤复共严装，欲北上荆州。会苍梧诸县夷、越蜂起，州府倾覆，道路阻绝，元贤被害，老弱并杀。靖寻循渚岸五千余里，复遇疾疠，伯母陨命，并及群从，自诸妻子，一时略尽。复相扶侍，前到此郡，计为兵害及病亡者，十遗一二。生民之艰，辛苦之甚，岂可具陈哉！①

仲长统针对当时"名都空而不居，百里绝而无民者，不可胜数"的社会现实，发出了如下恐惶之惊呼：

> 嗟乎！不知来世圣人救此之道，将何用也？又不知天若穷此之数，欲何至邪！②

死神对人类的肆意吞食，将人们从献身朝廷，建功立业的醉迷之中震醒过来。狰狞的自然、恐怖的社会，致使他们蓦然发现：人生竟是如此的短促，生命竟是这般的脆弱。于是，一种对人生的沉重低回，凄楚悲凉的吟叹调便在东汉后期的社会舞台上传唱开来：

> （顺帝永和）六年三月上巳日，（大将军梁）商大会宾客，

---

① 《三国志》卷三八《许靖传》，中华书局1971年版，第964页。
② 《后汉书》卷四九《仲长统传》，中华书局1965年版，第1650页。

宴于洛水……商与亲暱酣饮极欢，及酒阑倡罢，继以《薤露》之歌，坐中闻者，皆为掩涕。

《后汉书》注曰：

《纂文》曰："薤露，今之挽歌也"。崔豹《古今注·薤露歌》曰："薤上露，何易晞！露晞明朝还复落，人死一去何时归？"①

如果说酒酣之际继以挽歌在顺帝时还可能只是士大夫们偶尔为之的话，那么到灵帝时则已在社会上蔚为风气。《后汉书》志第十三《五行志一》注曰：

《风俗通》曰："时（指灵帝时）京师宾婚嘉会，皆作《魁㪣》，酒酣之后，续以挽歌"。《魁㪣》，丧家之乐，挽歌，执绋相偶和之者。

嘉会、美酒、丧乐、挽歌，多么令人难堪的场面！只有在饱受死亡恐惧的折磨而又对人生充满着强烈眷恋之情的时刻，才会产生如此荒唐的组合。

"人生天地间，忽如远行客。""人生寄一世，奄忽若飚尘。"② "对酒当歌，人生几何！譬如朝露，去日苦多。"③ "天地何长久！人道居之短。天地何长久！人道居之短。"④ "惊风飘白日，光景驰西流，盛年不再来，百年忽我遒。"⑤ 与前者相比，这是一种高雅的吟

---

① 《后汉书》卷六一《周举传》，中华书局1965年版，第2028页。
② 《文选》卷二九，上海古籍出版社1986年版，第1344—1345页。
③ 曹操：《短歌行》，见《三曹集》，岳麓书社1992年版，第65页。
④ 曹操：《秋胡行》之二，见《三曹集》，岳麓书社1992年版，第68页。
⑤ 曹植：《箜篌引》，见《三曹集》，岳麓书社1992年版，第336页。

叹，但同样洋溢着对生命的凄苦悲哀与无可奈何。

据心理学家研究揭示：对死亡的恐惧是人的最大焦虑，因此人们总是千方百计要排除这种焦虑。汉末之人排遣这种焦虑的主要途径有三。

一、及时行乐，尽情享受

既然生命无常，人生短促，那么，为什么还要用传统的道德节操、功名业绩来束缚自己？何不抓住有限的人生及时行乐，尽情地享受！

生年不满百，常怀千岁忧。昼短苦夜长，何不秉烛游？为乐当及时，何能待来兹？愚者爱惜费，但为后世嗤。仙人王子乔，难可与等期。

浩浩阴阳移，年命如朝露。人生忽如寄，寿无金石固。万岁更相送，圣贤莫能度。服食求神仙，多为药所误。不如饮美酒，被服纨与素。①

这是一种观念的宣传，然而它却源于社会的现实。马融的表现是其证：

永初二年，大将军邓骘闻融名，召为舍人，非其好也，遂不应命，客于凉州武都、汉阳界中。会羌虏飙起，边方扰乱，米谷踊贵，自关以西，道殣相望。融既饥困，乃悔而叹息，谓其友人曰："古人有言：'左手据天下之图，右手刎其喉，愚夫不为。'所以然者，生贵于天下也。今以曲俗咫尺之羞，灭无赀之躯，殆非老庄所谓也"。故往应骘召。……

融才高博洽，为世通儒……善鼓琴，好吹笛，达生任性，不拘儒者之节。居宇器服，多存侈饰。常坐高堂，施绛纱帐，

---

① 《文选》卷二九，上海古籍出版社 1986 年版，第 1348—1349 页。

前授生徒，后列女乐，弟子以次相传，鲜有入其室者。①

身为硕学大儒，口诵圣人经典，却不愿为儒节所拘，离经叛道，举止放荡，奢乐恣性。这正是一种摆脱束缚，尽情享受人生的表现。

"何不策高足，先据要路津。无为守穷贱，轗轲长苦辛。"② 传统的价值观念被粉碎了。"斗酒相娱乐，聊厚不为薄。驱车策驽马，游戏宛与洛"③，新的生活方式出现了。蜀先主刘备"不甚乐读书，喜狗马、音乐、美衣服"④；魏太祖曹操"为人佻易无威重、好音乐，倡优在侧，常以日达夕。被服轻绡，身自佩小鞶囊，以盛手巾细物，时或冠帢帽以见宾客。每与人谈论，戏弄言诵，尽无所隐，及欢悦大笑，至以头没怀案中，肴膳皆沾污巾帻，其轻易如此"⑤。汉献帝之驸马都尉殷楚"不学问，而性游遨好音乐。乃畜歌者，琵琶、筝、箫，每行来将以自随。所在樗蒲、投壶，欢欣自娱"⑥。邯郸淳诣曹植，"时天暑热，植因呼常从取水自澡讫，傅粉。遂科头拍袒，胡舞五椎锻，跳丸击剑，诵俳优小说数千言"⑦。

饮酒、赏乐、击剑、郊游，这是摆脱天人感应神学这一精神枷锁后人们对生活的纵情享受，而隐藏在这一纵情享受深处的却是对生死无常的恐惧的排遣。

二，追求精神上的超越

社会的黑暗，宦海的险恶，淡化了传统的入世意识。人们把目光由现实社会转向精神世界，追求一种独立的人格和超脱的意境。《后汉书》卷六一《周磐传》言磐少尚玄虚，屡辞察举征辟，"常

---

① 《后汉书》卷六〇上《马融传》，中华书局1965年版，第1953、1972页。
② 《文选》卷二九，上海古籍出版社1986年版，第1345页。
③ 同上书，第1344页。
④ 《三国志》卷三二《先主传》，中华书局1971年版，第871页。
⑤ 《三国志》卷一《武帝纪》注引《曹瞒传》，第54页。
⑥ 《三国志》卷一五《张既传》注引《魏略》，第474页。
⑦ 《三国志》卷二一《阮瑀传》注引《魏略》，中华书局1971年版，第603页。

隐处窜身，慕老聃清静，杜绝人事，巷生荆棘，十有余岁。乃开门延宾，游谈宴乐"。桓帝时，京兆尹延笃因得罪于大将军梁冀而归乡教授，闻前越巂太守李文德欲通过公卿荐笃返回朝廷，乃致函文德曰：

> 夫道之将废，所谓命也。流闻乃欲相为求还东观，来命虽笃，所未敢当。吾尝昧爽栉梳，坐于客堂，朝则诵羲、文之《易》，虞、夏之《书》，历公旦之典礼，览仲尼之《春秋》。夕则逍遥内阶，咏《诗》南轩。百家众氏，投闲而作。洋洋乎其盈耳也，涣烂兮其溢目也，纷纷欣欣兮其独乐也。当此之时，不知天之为盖，地之为舆；不知世之有人，己之有躯也。虽渐离击筑，旁若无人，高凤读书，不知暴雨，方之于吾，未足况也。①

同时士大夫如黄宪、申屠蟠、向栩、徐稺、刘胜等人都远离政治舞台、闭门逍遥神游。而与此稍后的仲长统在这种个体自由和精神超越的追求上则表现得更加强烈：

> 统性俶傥，敢直言，不矜小节，默语无常，时人或谓之狂生，每州郡命召，辄称疾不就。常以为凡游帝王者，欲以立身扬名耳，而名不常存，人生易灭，优游偃仰，可以自娱，欲卜居清旷，以乐其志……又作诗二篇，以见其志。辞曰：
> ……至人能变，达士拔俗。乘云无辔，骋风无足。垂露成帏，张霄成幄。沆瀣当餐，九阳代烛。恒星艳珠，朝霞润玉。六合之内，恣所欲。人事可遗，何为局促？
> ……叛散《五经》，灭弃《风》《雅》。百家杂碎，请用从火。抗志山栖，游心海左。元气为舟，微风为柂。敖翔太清，

---

① 《后汉书》卷六四《延笃传》，中华书局1965年版，第2106页。

纵意容冶。①

这种对独立人格和精神超越的追求，促使当时的人物评判标准也由传统的德行节操转向个体的风姿神韵。郭泰"家世贫贱"，但身长八尺，容貌魁伟，褒衣博带，善谈论，美音制，具有一种迷人的风采，故为人见慕：由京师返归乡里，"衣冠诸儒送至河上，车数千辆。林宗唯与李膺同舟共济，众宾望之，以为神仙焉"。周游郡国之时，"尝于陈梁间行遇雨，巾一角垫，时人乃故折巾一角，以为'林宗巾'。其见慕皆如此"②。

黄宪为牛医之子，然举止从容，仪表安详，具有一种高深莫测的神韵，故备受士大夫的赞誉，颍川荀淑至慎阳遇宪，"揖与语，移日不能去"。同郡戴良才高倨傲，然对宪却钦佩不已。曾叹曰："良不见叔度，不自以为不及；既睹其人，则瞻之在前，忽焉在后，固难得而测矣"。陈蕃、周举常相谓曰："时月之间不见黄生，则鄙吝之萌复存乎心"。郭泰少游汝南，"先过袁闳，不宿而退；进往从宪，累日方还。或以问林宗（即泰）。林宗曰：'奉高之器，譬诸氿滥，虽清而易挹。叔度汪汪若千顷陂，澄之不清，淆之不浊，不可量也'"③。重风姿，慕神韵，正是汉末的这种倾向，开启了魏晋士人从审美角度去评判人物的先河。

三、立言留名

对死的焦虑是一个长久纠缠、困扰人类的重大问题。儒家虽然说过"未知生，焉知死"的话，在对死亡理论的探讨上也确实显得匮乏无力，但这并不说明它在此问题上全无对策，所谓的"太上立德，其次立功，其次立言"三不朽，便是它为人们提供的排除死亡焦虑的主要途径。在统一安定的社会环境里，这三不朽同修身齐家治国平天下的传统价值观有机地结合在一起，也切实能够给人们提

---

① 《后汉书》卷四九《仲长统传》，中华书局1965年版，第1644—1946页。
② 《后汉书》卷六八《郭泰传》，中华书局1965年版，第2225页。
③ 《后汉书》卷五三《黄宪传》，中华书局1965年版，第1744页。

供一种人生的归宿，以此来消除对死亡的焦虑。然而时至东汉后期，社会日益动荡混乱，修齐治平的传统价值观念已遭瓦解，立德这条路也就被堵死了。立功？政局动乱，宦海险恶，非建功立业之时。下面一则记载可窥见当时人的这一心理：

> 庞公者，南郡襄阳人也，居岘山之南，未尝入城府。夫妻相敬如宾。荆州刺史刘表数延请，不能屈，乃就候之。谓曰："夫保全一身，孰若保全天下乎？"庞公笑曰："鸿鹄巢于高林之上，暮而得所栖；鼋鼍穴于深渊之下，夕而得所宿。夫趣舍行止，亦人之巢穴也。且各得其栖宿而已，天下非所保也"。因释耕于垄上，而妻子耘于前，表指而问曰："先生苦居畎亩而不肯官禄，后世何以遗子孙乎？"庞公曰："世人皆遗之以危，今独遗之以安，虽所遗不同，未为无所遗也"。表叹息而去。①

排遣死亡焦虑的传统途径只剩下立言这一条路可走了，所以受到当时士大夫的格外注重。曹丕曰：

> 盖文章经国之大业，不朽之盛事。年寿有时而尽，荣乐止乎其身。二者必至之常期，未若文章之无穷。是以古之作者，寄身于翰墨，见意于篇籍，不假良史之辞，不托飞驰之势，而声名自传于后。故西伯幽而演《易》，周旦显而制《礼》，不以隐约而弗务，不以康乐而加思。夫然，则古人贱尺璧而重寸阴，惧乎时之过已。而人多不强力，贫贱则慑于饥寒，富贵则流于逸乐，遂营目前之务，而遗千载之功。日月逝于上，体貌衰于下，忽然与万物迁化，斯志士之大痛也。②

---

① 《后汉书》八三《逸民传》，中华书局1965年版，第2776—2777页。
② 《典论》，见《文选》卷五二，上海古籍出版社1986年版，第2270页。

"经国之大业，不朽之盛事"，通过立言留名来使自己短促的人生获得不朽，这对处于死亡恐惧之中的汉末魏初的士大夫来说的确具有极大的诱惑力，魏文帝曹丕便醉心于其中。《三国志》卷三《文帝纪》注引《魏书》曰：

> 帝初在东宫，疫疠大起，时人凋伤，帝深感叹，与素所敬者大理王朗书曰："生有七尺之形，死唯一棺之土，唯立德扬名，可以不朽，其次莫如著篇籍。疫疠数起，士人凋落，余独何人，能全其寿？"故论撰所著《典论》、诗赋，盖百余篇，集诸儒于肃城门内，讲论大义，侃侃无倦。

除曹丕外，应劭、郑玄、王朗、刘劭、曹植、荆州学派、建安七子等一大批文人学士也纷纷加入了立言的行列。同时，由于传统的枷锁已经打碎，人们不必再去代圣人立言，亦不必再去撰写阿谀颂扬之文了。这种精神上的解放，创作力量上的强盛，带来了文苑里的繁荣多彩。建安之时，人们将笔插入现实的土壤，插入人的心灵的深处，自由地抒发情感，直泻胸襟。写哀伤，写凄苦，写如梦的岁月，写惨淡的人生，写悠悠的思念。写浓浓的乡愁，写遍野的白骨，写满腔的愤懑。"清峻、通脱、华丽、壮大"的文风，写出了一个鲁迅先生所称的"文学的自觉时代"[①]。而这一"文学的自觉时代"却是由死亡恐惧浇铸出来的。

死神唤醒了人，而天人感应权威思想的崩溃又为人的自由发展去掉了枷锁。因此造成了人的自我意识的增强，精神生活的丰富和独立人格的追求，这无疑是人类发展的一次大的进步。然而，觉醒之后的人却有着更多的烦恼、痛苦和焦虑。或许这就是人类获得进步的代价！

---

① 《鲁迅全集·而已集·魏晋风度及文章与药及酒之关系》，人民文学出版社2005年版，第234—239页。

下编 重建篇

两汉天人感应权威思想的崩溃，对于人的发展无疑是一种解放。人们无须再把自己牢牢地紧贴在国家、君王的身上去追求个体价值的确立，也无须再去做忠孝节义、功名利禄的奴隶，从而有了较多的精力和闲暇去追求精神的超越和塑造理想的人格。总之，精神枷锁打碎了，人的发展获得了许多的自由。然而，魏晋士大夫并未因此而感到轻松快慰，反而觉得是一种灾难。因为旧的既已崩毁，新的尚未建成，还没有一种能在稳定人们情绪，指导人们行为等方面发挥作用的精神力量，① 天人感应神学是人们唯一的精神支柱，所以它的崩溃瓦解，必然会造成严重的后果。

一，导致了个体与群体、个人与国家之间统一和谐局面的破坏，使个体与社会的关系出现疏离，人们因此而丧失了安全感。在动荡多变的局势里，便会产生一种自我的渺小无能和被社会所抛弃的悲哀和恐惧感。

二，天与人交相感应理论的破产，使人与天的联系失去了纽带和桥梁，导致了人同神的疏离。

---

① 在专制集权的中国古代社会，宗教始终只是政权的附庸，从来就没有形成一个独立的文化体系。所以在社会出现动荡、变革，传统思想发生崩溃之时，不可能担负起稳定社会情绪，平衡人们心理的作用。而西方文化则与此大异，因为其宗教组织系统充分，具有一个与政权相抗衡的独立的文化体系，人们的价值观念，道德准则，行为模式往往与此发生直接的联系。所以，即便是在社会动荡不安的年月里，人们的心理情绪依然比较平衡，价值观念和道德水准也不会出现太大的变化。只有当宗教文化也走向崩溃之时，人们才会产生极大的焦虑、困惑和心理紊乱，才会出现社会、道德反常现象的风靡一时。这是中西文化的一个明显的差别。

三，导致了个人有赖于天人感应神学思想之上的传统价值观念和道德标准的崩溃，人们在价值、符号和模式方面由此而失去了联系，个人的行为也因此而失去了依据，于是造成了人与人的疏离和精神上的孤独。

这种人与社会、人与神、人与人之间的疏离造成了社会—文化关系的失调，将魏晋士人抛入了巨大的生命恐惧之中。一种莫名的忧虑、烦恼，痛苦地折磨着他们的心灵，致使人们终日忧心忡忡，惶恐不安，空虚烦闷，莫知适从。于是，人们吃药行散，醉饮长啸，赌博斗富，弹琴弈棋，玄谈草书。这在今天看来似乎十分的潇洒，十分的惬意，令人向往钦美。然而这一切对于魏晋士大夫来说，并非一件乐事，他们是将自己终日投入"行为主义"和痛苦的自我折磨之中，以此来宣泄、排遣、忘却内心的巨大恐惧和焦虑。不过，人们的理智并没有完全被这种恐惧、焦虑所淹没，一批饱学之士于恐惧、焦虑的同时亦开始进入深刻的沉思之中，不约而同地涌向固有的传统文化之内寻找新的精神支柱，由此造成了先秦的名家、法家、道家、儒家等各种学说的复兴泛起。由于此时人们所最关心的是如何实现个体的生存价值，如何协调人与社会的关系，如何解释生死离别、喜怒哀乐等精神现象和如何满足各种精神要求等关于人的问题，而在传统文化之中对于人的问题予以较多探讨和阐述的则只有道家学说，"老子的无为，庄子的逍遥齐物，杨子的为我，列子的贵虚，陈仲子的遁世，最能迎合当代读书人的心理"①。所以，在先秦百家学说的复兴过程中，道家学说占有明显的优势，士大夫在其玄谈争辩之中，自觉或不自觉地将其学说作为重要框架来进行新的权威思想的建构。当然，这种新的权威思想的建立不可能是道家思想的照搬，也不可能一蹴而就，它不仅需要解决人们所迫切关心的问题，同时也不能超越社会的现实，即还要受到诸多历史条件的制约。如何使主观与客观二者得到协调统一，这就需要一

---

① 刘大杰：《魏晋思想论》，中华书局1939年版，第110页。

个长时期的摸索。在摸索过程中，人们根据各自的性格、思想、学识和社会环境设计出各自的重建模式，交由他人和社会去评判，去筛选。一个模式被否定了，另一个模式便顶了上去，前一个模式若存在着失误和缺陷，后一个模式便予以修正和完善，整个魏晋时代始终处于这种不断摸索重建的过程之中，这是一个勤于思考、善于探求的时代。大致说来，魏晋士大夫在其重建过程之中曾先后提出过四个大的重建模式——"道本儒末"模式，"越名教而任自然"模式，"内圣外王"模式，"三教互补"模式，这便是以下各章所要探讨、论述的内容。

第一章　道本儒末的理论模式

汉魏之际，士大夫为了消除两汉神学权威思想崩溃之后所造成的不堪忍受的精神空虚和焦虑，纷纷涌向传统文化之中去寻找精神支柱，致使先秦的法、名、道、兵、儒等诸子学说都曾梅开二度。然而，这还只是一种临时应付局势或饥不择食的举动，并非成熟的思考。作为一种比较完备的精神支柱的建构，当是曹魏正始年代何晏、王弼、夏侯玄等人的"道本儒末"理论的提出，即所谓的"正始玄风"。

何晏、王弼等人勇于探索，笔耕甚勤。他们从儒、道二家学术经典中找出了《周易》《老子》《论语》等著作，以"义说"为之作注（何晏注《老子道德经》未毕而作《道德论》、撰《论语集解》。王弼注《老子》《周易》、撰《论语释疑》等），借以阐发自己的理论见解。皇侃《论语义疏》曰：

> 何晏因《鲁论》集季一长等七家，又采《古论》孔注，又自下己意，即世所重者。

孙盛评王弼的《周易注》云：

> 《易》之为书，穷神知化，非天下之至精，共孰能与于此！……弼以傅会之辩而欲笼统玄旨者乎？故其叙浮义则丽辞溢目，造阴阳则妙颐无间，至于六爻变化，群象所效，日时岁

月，五气相推，弼皆摈落，多所不关。①

何晏、王弼等之所以于诸子百家学说中仅挑选道、儒二家的著作为之作注，个中目的在于建构道本儒末的理论模式，所以他们的《注》不囿本意旧说，"自下己见"，穿凿附会，于《周易》《老子》《论语》这几件古色古香的乐器上，随意弹奏出自己谱写的"新翻杨柳枝"。

正始年代，众名士谈锋甚健，见面就互相剖析争辩，由传统的烦琐、呆板、平庸的形象比附迈进形而上学的抽象思辨王国，开所谓"清谈"之风。《世说新语·文学》②曰：

> 何晏为吏部尚书，有位望，时谈客盈坐，王弼未弱冠，往见之，晏闻弼名，因条向者胜理语弼曰："此理仆以为极，可得复难不？"弼便作难，一坐人便以为屈。于是弼自为客主数番，皆一坐所不及。

又曰：

> 傅嘏善言虚胜，荀粲谈尚玄远，每至共语，有争而不相喻。裴冀州（徽）释二家之义，通彼我之怀，常使两情皆得，彼此俱畅。

正始名士的清谈与汉代儒生的授经有着很大的区别。授经是有经可授，授与受之间是主动与被动的关系，学生不需要自己思想，只要弄懂、牢记经义师说即可。清谈则不然，它没有一个既定的标准作评判，谈者之间是平等的。他们以"理"会友，互相探讨、切

---

① 《三国志》卷二八《王弼传》注，中华书局1971年版，第796页。
② 凡文中所引《世说新语》，均源于中华书局1984年版《世说新语校笺》。

磋，谁有理听谁的。如前面所言，何晏时为吏部尚书，而王弼还是一个"未弱冠"的少年，但在清谈之中却是以理来区分高下。何晏并不因为自己"有位望"而压王弼，反而赞叹王弼曰："仲尼称后生可畏，若斯人者，可与言天人之际矣。"而王弼也不因自己年幼位卑就唯唯诺诺，而是得理不让人："何晏以为圣人无喜怒哀乐，其论甚精，钟会等述之。弼与不同，以为圣人茂于人者神明也，同于人者五情也，神明茂故能体冲和以通无，五情同故不能无哀乐以应物，然则圣人之情，应物而无累于物者也。今以其无累，便谓不复应物，失之多矣。"① 这种以"理"会友，平等争辩的"清谈"，并不是统治阶级的闲情雅致，也不是贵族阶层的空虚腐朽的生活方式，而是正始名士于天人感应权威思想崩溃之后，在寻求、建构新的精神支柱。他们在丰富多彩的抽象思辨的层次上探讨，争辩本末、有无、体用、名理玄远等重大哲学问题，由此而建构出道本儒末的理论体系。

顾名思义，所谓"道本儒末"，就是在重建新的权威思想中，以强调个体的道家学说为主干，以注重社会功能的儒家学说为枝叶。道家所崇尚的"无"在新的建构中被奉为本、母、体，而儒家所强调的"有"则成了末、子、用。

《晋书》卷四三《王衍传》曰：

> 魏正始中，何晏、王弼等祖述老庄，立论以为天地万物皆以无为本，无也者，开物成务，无往不存者也。阴阳恃以化生，万物恃以成形，贤者恃以成德，不肖恃以免身，故无之为用，无爵而贵矣。

这是《晋书》作者对正始名士"贵无"思想（"贵无"的实质是强调道家学说在新建构中的主导地位）的扼要概括，而这个概括

---

① 《三国志》卷二八《王弼传》注，中华书局1971年版，第795页。

又是十分准确的,下面让我们来看看正始名士对这一问题的论述。王弼《老子道德经注》① 第一章曰:

> 凡有皆始于无,故未形无名之时,则为万物之始。及其有形有名之时,则长之、育之、亭之、毒之,为其母也。②

第三十八章曰:

> 守母以存其子,崇本以举其末,则形名俱有而邪不生,大美配天而华不作。故母不可远,本不可失。③

第五十二章云:

> 母,本也。子,末也。得本以知末,不舍本以逐末也。④

在突出道家学说主导地位的同时,正始名士也十分强调儒家学说在新的理论建构中的位置,极力主张本末一体,体用如一,道儒相融。第二十八章曰:

> 朴,真也。真散则百行出,殊类生,若器也。圣人因其分散,故为之立官长,以善为师,不善为资,移风易俗,复使归于一也。⑤

韩康伯《系辞注》引王弼《大衍义》曰:

---

① 文中所引《老子道德经注》,均源于中华书局 1980 年版《王弼集校释》。
② 王弼著,楼宇烈校释:《王弼集校释》,中华书局 1980 年版,第 1 页。
③ 同上书,第 43 页。
④ 同上书,第 139 页。
⑤ 同上书,第 75 页。

> 夫无不可以无明，必因于有，故常于有物之极，而必明其所由之宗也。

为了使本与末、体与用、道与儒切实能够融为一体，何晏、王弼等人将道家的"无"进行了一番改造。我们知道，"无"在道家思想中是一创造天地万物的精神实体，它与客观存在的"有"是两码事，故老子曰："天下万物生于有，有生于无。"而王弼于此作注时却曰："天下之物，皆以有为生。有之所始，以无为本。将欲全有，必反于无也。"① 这个意思与老子的本意就大不相同了。虽然"无"是体，"有"是用，然二者又是统一的。"无"不是在"有"之外，而是在"有"之中。王弼在其《老子指略》中对此说得更加明了：

> 夫物之所以生，功之所以成，必生乎无形，由乎无名。无形无名者，万物之宗也。不温不凉，不宫不商。听之不可得而闻，视之不可得而彰，体之不可得而知，味之不可得而尝。故其为物也则混成，为象也则无形，为音也则希声，为味也则无呈。故能为品物之宗主，苞通天地，靡使不经也。若温也则不能凉矣，宫也则不能商矣。形必有所分，声必有所属。故象而形者，非大象也；音而声者，非大音也。然则，四象不形，则大象无以畅；五音不声，则大音无以至。四象形而物有所主焉，则大象畅矣；五音声而心无所适焉，则大音至矣。故执大象则天下往，用大音则风俗移也。②

正始名士之所以要对道家的"无"进行改造，反复论述体用如一，本末不二，其目的就在于建构一种道本儒末的理论模式，借以

---

① 王弼著，楼宇烈校释：《王弼集校释》，中华书局1980年版，第四十章，第110页。
② 同上书，第195页。

协调统一个体与社会、自然与名教的关系。但是，道家与儒家本来就是相互矛盾的两大学派，现在要把二家糅合成一种新的理论并非易事，其中一个十分棘手的问题就是要设法掩盖、消除二家的矛盾，于是出现了王弼的"得意忘言"之说。《周易略例·明象》云：

> 夫象者，出意者也。言者，明象者也。尽意莫若象，尽象莫若言。言生于象，故可寻言以观象；象生于意，故可寻象以观意。意以象尽，象以言著。故言者所以明象，得象而忘言；象者，所以存意，得意而忘象。……忘象者，乃得意者也；忘言者，乃得象者也。得意在忘象，得象在忘言。故立象以尽意，而象可忘也；重画以尽情，而画可忘也。①

如此一来，儒道二家学说便可以由正始名士们根据自己的需要而随意沟通了：本来《易》《论语》等书是儒家之经典，名士们偷梁换柱，在保留其外表的情况下，以老子思想进行全面的改造，使其变成宣扬道本儒末理论的工具（对《老子》一书亦注入儒学思想进行类似的改造，通过上面所引《老子注》《老子指归》已可略知一二）。王弼在为《论语·泰伯》的"大哉尧之为君也"条作注时便云：

> 圣人有则天之德，所以称唯尧则之者，唯尧于时全则天之道也。荡荡，无形无名之称也。夫名所名者，生于善有所章而惠有所存。善恶相须，而名分形焉。若夫大爱无私，惠将安在？至美无偏，名将何生？故则天成化，道同自然，不私其子而君其臣。凶者自罚，善者自功，功成而不立其誉，罚加而不任其形。百姓日用而不知所以然，夫又何可名也！②

---

① 王弼著，楼宇烈校释：《王弼集校释》，中华书局1980年版，第四十章，第609页。
② 参见皇侃《论语义疏》，中华书局2013年版，第199页。

贵尚虚无本是道家之旨,非儒家所好,名士们便说儒家圣人也是贵尚虚无的,只不过体而不言罢了。《世说新语·文学》云:

> 王辅嗣弱冠诣裴徽,徽问曰:"夫无者,诚万物之所资,圣人莫肯致言,而老子申之无已,何邪?"弼曰:"圣人体无,无又不可以训,故言必及有;老、庄未免于有,恒训其所不足。"

儒经所言本与道家学说多有抵牾之处,那么名士们就言不要迷信看重儒家典籍,典籍所载非圣人之要旨,而应于圣人未言之处去探讨其真义。同上书注引《粲别传》曰:

> (荀)粲能言玄远,常以子贡称"夫子之言性与天道,不可得而闻也",然则六籍虽存,固圣人之糠秕。能言者不能屈。①

正始名士为了建构道本儒末的理论模式,除了强调本末不二、体用一致的原则、运用"得意忘言"之法沟通儒道二家学说之外,还一改先秦、两汉道家崇尚三皇、儒家祖述五帝的传统,对三皇、五帝一律都予以推重,何晏的"方四三皇而六五帝,曾何周、夏之足言"②。说的就是这种意思。同时,正始名士虽以道为本,以儒为末,但却将儒家祖师爷——孔丘置于老子之上,认为老不及圣,个中目的也是显而易见的。

道本儒末理论模式的出现,有着深刻的历史原因。

一,两汉神学的崩溃,精神枷锁的粉碎,造成了人同天的疏离,个体同国家(包括君王)的疏离,而动荡不安的岁月,频繁迭起的

---

① 关于正始名士以"得意忘言"之法沟通儒道二家学说,汤用彤先生述甚精,参见其《魏晋玄学论稿·言意之辨》。
② 《文选》卷一一《景福殿赋》,上海古籍出版社1986年版,第522页。

灾异所铸造的硕大无比且又面目狰狞的死亡之神又时时刻刻威胁、压迫、震撼着人们的心灵，迫使人们把眼光由宇宙转向人间，由社会转向个体，开始了对人自身的认真思考：人生的价值是什么？生命的意义何在？人的生命为何如此的脆弱易折？个体为什么这般的渺小无能？如何才能满足精神上的需求？怎样方可超越短暂有限的人生？这一系列的问题在传统儒家学说之中是很难找到答案的，于是人们把眼光盯到了愤激批判社会、强调个体自由的道家学说身上，开始了以道家学说为主干的新的权威思想的建构。

二，两汉神学虽然崩溃了，但人们在感情上仍对传统儒学怀有一种依依不舍的留念之情。同时，社会虽然动荡不安，给人们带来了巨大的灾难和痛苦，但它毕竟是联系人们价值、符号和模式的纽带，是稳定人们情绪，为人们提供安全感的主要工具，这对于刚从天人感应权威思想中摆脱出来的人来说显得尤其重要。人们虽然追求个体的解放、自由，但对社会仍具有强烈的依赖心理，如果将个体置于同社会相对立的位置，人们将会不堪忍受。因此，强调社会功能和秩序规范、注重入世干进求禄、立功立业的儒家学说也就自然成了重建模式中的一个必不可少的部分。

三，曹操、曹丕父子统治时期，名法兼用，对士大夫采用高压政策，搞得人人自危，因此人们希望社会变得宽松一些，个体变得自由一些，心情变得舒畅一些，生活变得美满一些，由是汉初所盛行的黄老之术便成了人们心向往之的理想政治。虽然我们不能在道本儒末的理论模式和黄老之术之间简单地画上等号，但从统治方法的角度去观察，在道本儒末的理论之中，确有许多与黄老之术相一致的地方。如王弼于《老子道德经注》第四十九章"圣人皆孩之"条下曰：

> 皆使和而无欲，如婴儿也。……能者与之，资者取之；能大则大，资贵则贵。物有其宗，事有其主。如此，则可冕旒充目而不惧于欺，黈纩塞耳而无戚于慢。又何为劳一身之聪明，

以察百姓之情哉!……是以圣人之于天下歙歙焉，心无所主也。为天下浑心焉，意无所适莫也。无所察焉，百姓何避多无所求焉，百姓何应。无避无应，则莫不用其情矣。①

第六十三章曰：

以无为为居，以不言为教，以恬淡为味，治之极也。②

何晏于《景福殿赋》中云：

体天作制，顺时立政。……远则袭阴阳之自然，近则本人物之至情。……招忠正之士，开公直之路。想周公之昔戒，慕咎繇之典谟。除无用之官，省生事之故。绝流遁之繁礼，反民情于太素。③

或许可以这样认为：何晏、王弼、夏侯玄等人所建构的道本儒末的理论模式，虽然已从宇宙观转入人本体的探求，但在很大程度上仍是在为统治者寻求比较理想的治国方略，这从正始名士在建构新的理论模式时主要的是接受道家中侧重统治权术的老子的思想——从何晏的《论语注》、王弼的《易注》、《老子注》中都可以明显地看出——而不是侧重于阐述理想人格的庄子的思想，便可以得到证实。另从夏侯玄、何晏等人的政治表现亦可以说明这一点，他们留恋官场，热衷功名，以天下为己任。在协助曹爽辅政期间，一改曹操父子"术兼名法"的高压政策，极力主张和实行"无为"政治。史称"何平叔虚而不治"④，"正始中，任何晏以选举，内外

---

① 王弼著，楼宇烈校释：《王弼集校释》，中华书局1980年版，第129—130页。
② 同上书，第164页。
③ 见《文选》卷一一，上海古籍出版社1986年版，第522页。
④ 《三国志》卷二八《王凌传》注引《汉晋春秋》，中华书局1971年版，第759页。

之众职各得其才,粲然之美于斯可观"①。充分实践了何晏本人在《论语·卫灵公注》中所言的"任官得其人,故无为而治也"的主张。

四,学术思想的发展,亦是诞生道本儒末理论模式的一个重要原因。自东汉后期马融注儒经轻蔑两汉所盛行的章句训诂、谶纬迷信之法而参言人道政治之后,一种以义理解经的风气便在学术界逐渐展开,学人们注重玄理、探求本体,给被汉儒弄得僵化、烦琐、荒诞的儒家经典注入了一种新的生机,王弼等人在此基础上继续深入发展,终于诞生了玄学(参见上编第三章)。

何晏、王弼等正始名士虽然在玄谈争辩之中从事着新的精神支柱的建构,但新的宏伟工程并没有给这些"建筑师"们带来多少欢乐和快慰,因此他们所从事的是一项十分艰巨的工作:思考越深刻,探索越深入,距离传统的价值观念、传统的生活模式就越远,这样一来,不仅感情上矛盾痛苦,而且精神上也难以适应。他们如同只身伫立在一片空旷无垠的荒野上,孤立无倚,前途未卜,一种渺小、孤独、茫然、恐惧的心情油然而生。因此,由何晏所开创的服用寒食散的风气在士大夫中流行起来。《世说新语·言语》注引秦丞相《寒食散论》曰:

寒食散之方,虽出汉代而用之者寡,靡有传焉。魏尚书何晏首获神效,由是大行于世,服者相寻也。

隋巢元方《诸病源候论》卷六引何晏同时之人皇甫谧言:

寒食药者,世莫知焉。或言华陀,或言仲景……及寒食之疗者,御之至难,将之甚苦。近世尚书何晏,耽于好色,始服此药,心加开朗,体力较强,京师翕然,传以相授。

---

① 《晋书》卷四七《傅咸传》,中华书局1974年版,第1328页。

以前学术界在探讨魏晋士大夫盛行服药行散的社会风气时，往往仅限于士大夫酒色过度，以此来滋补强身和士大夫留恋人生，希冀通过食药行散来延长寿命数说而已。实际上，服药行散，与其说是士大夫以此来强身增寿，毋宁说是他们以此来宣泄内心的焦虑，皇甫谧的事迹可以证实这一判断：他在一篇名曰《笃终》的送葬之制中云：

> 夫人之所贪者，生也；所恶者，死也。虽贪，不得越期；虽恶，不可逃遁。人之死也，精歇形散，魂无不之，故气属于天；寄命终尽，穷体反真，故尸藏于地。是以神不存体，则与气升降；尸不久寄，与地合形。形神不隔，天地之性也；月与土并，反真之理也。……
> 故吾欲朝死夕葬，夕死朝葬，不设棺椁，不加缠敛，不修沐浴，不造新服，殡含之物，一皆绝之。

可见皇甫谧对生死问题看得十分的淡然。然而正是这位对生死如此超脱的人却十分贪恋服寒食散，史云：

> 初服寒食散，而性与之忤，每委顿不伦，尝悲恚，叩刃欲自杀，叔母谏之而止。

他本人给晋武帝的上疏中亦云：

> 又服寒食药，违错节度，辛苦荼毒，于今七年。隆冬裸袒食冰，当暑烦闷，加以咳逆，或若温疟，或类伤寒，浮气流肿，四肢酸重。于今困劣，救命呼嗡，父兄见出，妻息长诀。

联系他平日"耽玩典籍，忘寝与食，时人谓之'书淫'"① 的表现，可见皇甫谧服寒食药的目的是通过痛苦的自我折磨来排遣心中的焦虑。

开服寒食药风气的何晏本人亦曾明言："服五石散，非唯治病，亦觉神明开朗。"② 《三国志》卷二八《管辂传》注引《辂别传》曰：

辂论云："邓（飏）之行步，筋不束骨，脉不制肉，起立倾倚，若无手足，谓之鬼躁；何（晏）之视候，魂不守宅，血不华色，精爽烟浮，容若槁木，谓之鬼幽，鬼幽者，为火所烧。"

贺昌群据此云："则晏、飏之行状，乃与今之吸食毒药者等，岂非精华竭于内，故憔悴形于外欤？"③ 此话确有见地。说明服寒食药并非单为疗病，而重在"觉神明开朗"。所谓"觉神明开朗"，就是通过服药而不停顿的行动和痛苦折磨，将内心的焦虑宣泄一番之后的主观感受。《诸病源候论》卷六《解散病诸候》的记载可以帮我们窥视出这一点。其书云：

服寒食散，二两为剂，分作三贴。清旦温醇酒服一贴，移日一丈，复服一贴，移日二丈，复服一贴，如此三贴尽。须臾，以寒水洗手足，药力行者，当小痹，便自脱衣，以冷水极浴，药势益行，周体凉了，心意开朗，所患即瘥。④

服药之后，宜烦劳，若羸着床不能行者，扶起行之，常当

---

① 以上所引资料均见《晋书》卷五一《皇甫谧传》，第1409—1418页。
② 《世说新语·言语》第二，见《世说新语校笺》，中华书局1984年版，第40页。
③ 《魏晋清谈思想初论》，商务印书馆1947年版，第41页。
④ 巢元方著：《诸病源候论》卷九《解散病诸候》，人民卫生出版社1980年版，第176页。

寒衣，寒饮，寒食，寒卧，极寒益善。若药未发者，不可浴，浴之则矜寒，使药噤不发，令人战掉，当更温酒饮食，起跳踊，春磨出力，令温而浴，解则止，勿过多也。又当数冷食，无昼夜也，一日可六七食，若失食饥，亦令人寒，但食则温矣。①

强迫性的无休止的忙碌，"违人理，反常性"②的痛苦折磨，其目的则在于忘却自我的存在，宣泄内心的焦虑。所以可以这样认为，魏晋名士之嗜爱服药，是由其焦虑的时代所使然。皇甫谧虽然目睹了服药的严重后果——"或暴发不常，夭害年命。是以族弟长互，舌缩入喉。东海王良夫，痈疮陷背。陇西辛长绪，脊肉烂溃。蜀郡赵公烈，中表六丧，悉寒食散之所为也。远者数十岁，近者五六岁"③——自己也饱尝了服药之后的残酷折磨，但对服寒食散却又迷恋难舍，其原因就在于此。

道本儒末理论模式的出现，在中国古代思想史上具有不容轻估的意义和作用，它是在传统的天人感应权威思想崩溃之后，人们的精神世界一片混乱和恐惧状态下的第一次比较深刻、成熟的沉思，开始了由传统的宇宙观向人的本体论的重大转折，开启了对复杂多变、丰富多彩的人的精神世界进行深入、系统探求的先河。它对理想人格的注重为建构新的权威思想规定了发展趋向，它在本末、无有、体用、自然名教等重大哲学问题上的理论为建构新的精神支柱提供了理论基础，同时，凝聚在其理论模式中的形而上学的抽象思辨和争锋玄谈，又为新权威思想的重建提供了主要方法。

当然，道本儒末的理论模式毕竟是重建过程中的第一个模式，所以也就不可避免地存在着缺陷和不足。如何将道儒二家学说有机地融为一体，从而实现个体与社会、自然与名教的统一和谐，本是

---

① 巢元方：《诸病源候论》卷九《解散病诸候》，人民卫生出版社1980年版，第177页。
② 同上书，第208页。
③ 同上书，第172页。

重建理论所担负的首要任务，虽然正始名士始终在为实现这一目的做出坚持不懈的努力，但这一课题在道本儒末的理论模式中仍没有得到完满的解决。另外，由于正始名士所注重的是如何为统治者制定一个清净无为的治国方略，所以对如何深入探讨人的精神世界，如何建立理想人格等方面的理论便显得粗糙和单薄。如果任其正始名士继续深入探讨，其理论模式中的这些缺陷和不足或许能够得到克服和完善，但司马氏集团对正始名士的迫害残杀，使这一可能化成了泡影。同时，司马氏集团的残酷暴行使个体与社会、自然与名教的矛盾急剧恶化，终于导致了道本儒末理论模式的破产。

第二章 越名教而任自然的理论模式

正值正始名士精心建构道本儒末理论模式，努力调和个体与社会、自然与名教的矛盾的时刻，一场灭顶之灾难降落到他们的头上。魏齐王嘉平元年正月，太傅司马懿趁大将军曹爽等奉齐王谒高平陵之机发动兵变，残杀曹爽、曹曦及何晏、丁谧、邓飏、毕轨、李胜、桓范等大批名士，"皆夷及三族，男女无少长，姑姊女子之适人者皆杀之"①。致使"名士减半"②。然屠杀并未就此打住，数年后，司马懿之子大将军司马师又杀夏侯玄、李丰等正始名士中的另外几位领袖人物，并将另一大名士——许允迫害致死，随即废齐王芳而擅立高贵乡公髦。但仅隔五年（即甘露五年），其弟司马昭却又将高贵乡公残杀于血泊之中。《三国志》卷四《高贵乡公髦纪》注引《汉晋春秋》曰：

> 帝（高贵乡公）见威权日去，不胜其忿。乃召侍中王沈、尚书王经、散骑常侍王业，谓曰：司马昭之心，路人所知也。吾不能坐受废辱，今日当与卿等自出讨之。……帝遂帅僮仆数百，鼓噪而出。文王弟屯骑校尉伷入，遇帝于东止车门，左右呵之，伷众奔走。中护军贾充又逆战于南阙下，帝自用剑。众欲退，太子舍人成济问充曰："事急矣。当云何？"充曰："畜养汝等，正谓今日。今日之事，无所问也。"济即前刺帝，刃

---

① 《晋书》卷一《宣帝纪》，中华书局1974年版，第20页。
② 《三国志》卷二八《王凌传》注引《汉晋春秋》，中华书局1971年版，第759页。

出于背。

司马氏集团的这一系列的残酷暴行，在当时的士大夫的心灵上造成了极大的创伤。《世说新语·尤悔》曰：

> 王导、温峤俱见明帝，帝问温前世所以得天下之由。温未答，顷，王曰："温峤年少未谙，臣为陛下陈之"。王乃具叙宣王创业之始，诛夷名族，宠树同己，及文王之末高贵乡公事。明帝闻之，复面著床曰："若如公言，祚安得长！"

事隔数十年之久，而士大夫仍然念念不忘，可见其震撼程度之烈，刺激程度之深。

屠伯的刀，同类的血，使士大夫进一步感觉到社会狰狞无常，仕途的险恶不测："天网弥四野，六翮掩不舒"。"生命无期度，朝夕有不虞"①。"但恐须臾间，魂气随风飘。终身履薄冰，谁知我心焦。"②"临觞多哀楚，思我故时人。对酒不能言，悽怆怀酸辛。"③

是谁将社会变成了刀光剑影、鲜血漂泊的屠场？是谁将美好的人生变得如此恐怖阴森、痛苦不堪？士大夫们经过沉思之后认为：儒家学说是残贼天下的鬼招妖术，君王之制是制造罪恶的罪魁祸首。阮籍曰：

> 君立而虐兴，臣设而贼生，坐制礼法，束缚下民。欺愚诳拙，藏智自神。强者睽眠而凌暴，弱者憔悴而事人。假廉以成贪，内险而外仁。④

---

① 阮籍：《咏怀诗》。凡文中所引阮籍作品，均见中华书局1987年版《阮籍集校注》，第326页。
② 同上书，第312页。
③ 同上书，第314页。
④ 阮籍：《大人先生传》，见《阮籍集校注》，中华书局1987年版，第170页。

鲍敬言曰：

> 君臣既立，众匿日滋……夫谷帛积，则民有饥寒之俭；百官备，则坐糜供奉之费。宿卫有徒食之众，百姓养游手之人，民乏衣食，自给已剧，况加赋敛，重以苦役，下不堪命，且冻且饥，冒法斯滥，于是乎在。……①

> 夫混茫以无名为贵，群生以得意为欢……降及衰季，智用巧生，道德既衰，尊卑有序二使失桀纣之徒，得燔人，辜谏者，脯诸者，葅方伯，剖人心，破人胫，穷骄淫之恶，用炮烙之虐。若令斯人，并为匹夫，性虽凶奢，安得施之？使彼肆酷恣欲，屠割天下，由于为君，故得纵意也。②

鉴于此，竹林名士抛弃了旨在调和个体与社会，自然与名教之矛盾的道本儒末理论模式，开始了理论上的新探索，由此产生出阮籍、嵇康、刘伶③等人所建构的"越名教而任自然"的重建模式。

所谓"名教"，就是儒家所鼓吹的三纲五常这种纲常名教。"越名教"就是在建构新的精神支柱时完全超越、抛弃儒家的教义，就是"非汤武而薄周孔"。④ 之所以如此，其主要原因就在于儒学的虚伪和其礼法对理想人格的阻碍和束缚。阮籍《咏怀诗》云：

> 洪生资制度，被服正有常。尊卑设次序，事物齐纪纲。容饰整颜色，磬折执圭璋。堂上置玄酒，室中盛稻粱。外厉贞素谈，户内灭芬芳。放口从衷出，复说道义方。委曲周旋仪，姿

---

① 《抱朴子》外篇卷四八《诘鲍》，中华书局1991年版，第540页。
② 同上书，第503页。
③ 现存刘伶著作虽仅一篇《酒德颂》，但其理论贡献不可低估。虽然《酒德颂》远不及阮籍的《大人先生传》那样深刻、完备，但在基本思想上与《大人先生传》完全一致。切不可以酒徒之文轻视之。
④ 《嵇康集校注》卷二《与山巨源绝交书》，人民文学出版社1962年版，第122页。

态愁我肠。①

此处所揭露的是名教的虚伪性，而这种揭露在他的《大人先生传》中表现得更加深刻、畅快：

> 且汝独不见乎虱之处乎裈中，逃乎深缝，匿夫坏絮，自以为吉宅也。行不敢离缝际，动不敢出裈裆，自以为得绳墨也。饥则啮人，自以为无穷食也。然炎丘火流，焦邑灭都，群虱死于裈中而不能出，汝君子之处区内亦何异夫虱之处裈中乎？悲乎！而乃自以为远祸近福，坚无穷已。②

阮籍的虱子之论，虽然重在揭露名教之虚伪，但从中亦可窥见这样一个消息：即名教是一种束缚个体人格的枷锁，残害生命的陷阱。若遵从儒家礼法循规蹈矩，就如同"行不敢离缝际，动不敢出裈裆"的虱子，一旦"炎丘火流，焦邑灭都"，便会陷入灭顶之灾。东汉党人可作如是观，历代功臣名士亦可作如是观。故在此论前面便有"李牧功而身死，伯宗忠而世绝，进求利以丧身，营爵赏而家灭，汝又焉得挟金玉万亿，抵奉君上而全妻子乎"之语。因为阮籍、嵇康、刘伶等人所追求的是一种无拘无束的理想人格，所以轻蔑、超越、抛弃名教礼法在他们看来便成为一件极为自然的事。

所谓"任自然"，就是放弃对外在功名禄利的追求而进入精神王国作无拘无束的漫步遨游，就是"以庄周为师"，用道家思想进行理想人格的塑造。

由于竹林名士身处个体与社会激烈对抗的历史环境之中，所以由他们所塑造出来的理想人格，必然会具有反社会的性格，而许久以来，每当社会政治黑暗腐败之时，也总会有一部分士人站出来与

---

① 《阮籍集校注》，中华书局1987年版，第377页。
② 同上书，第165—166页。

社会相对抗，为了维护自己的独立人格和声誉，他们往往遁入深山，过远离社会的隐士生活。现在，竹林名士所要塑造的是一种更高层次上的理想人格，而不是历代隐士人格的效仿。所以，阮籍在其《大人先生传》中明确宣布了二者之间的区别：

> （大人先生）曰："太初真人，惟天之根，专气一志，万物以存，退不见后，进不睹先，发西北而造制，启东南以为门，微道而以德久娱乐，跨天地而处尊。夫然成吾体也，是以不避物而处，所睹则宁；不以物为累，所迫则成；彷徉足以舒其意，浮腾足以逞其情。故至人无宅，天地为客；至人无主，天地为所；至人无事，天地为故；无是非之别，无善恶之异，故天下被其泽而万物所以炽也。若夫恶彼而好我，自是而非人，忿激以争求，贵志而贱身，伊禽生而兽死，尚何显而获荣，悲夫！子之用心也，薄安利以忘生，要求名以丧体，诚与彼其无诡，何枯槁而迫死。子之所好何足言哉？吾将去子矣"。①

"贵志""求名"，必然为志、名所累，必然"恶彼而好我，自是而非人，忿激以争求"，这样就不可能成为一个自由之人，就不可能彻底超脱而进入精神王国去尽情享受。这与竹林名士所要塑造的理想人格是大有差异的。"贱身""丧体""禽生而兽死"，这也是与竹林名士的思想相抵牾的。虽然阮籍、嵇康等人重在强调"神"的主导作用，强调精神的超脱，认为"精神之于形骸犹国之有君也"②。但并不厌倦生命的存在，恰恰相反，他们深情地迷恋人生，十分执着于生命的长度，把形的存在作为神的超越的前提，所以要"养生"，要使形神成为一个和谐的统一体。嵇康的《养生论》对此说得十分的明了：

---

① 《阮籍集校注》，中华书局1987年版，第173页。
② 同上书，第145页。

修性以保神，安心以全身，爱憎不栖于情，忧喜不留于意，泊然无感，而体气和平，又呼吸吐纳，服食养身，使形神相亲，表里俱济也。……①

　　善养生者则不然矣，清虚静泰，少私寡欲。知名位之伤德，故忽而不营，非欲而强禁也。识厚味之害性，故弃而弗顾，非贪而后抑也。外物以累心不存，神气以醇白独著，旷然无忧患，寂寞无思虑。又守之以一，养之以和，和理日济，同乎大顺。然后蒸以灵芝，润以醴泉，晞以朝阳，绥以五弦，无为自得，体妙心玄，忘欢而后乐足，遗生而后身存。若此以往，恕可与羡门比寿，王乔争年，何为其无有哉？②

在竹林名士的重建模式中所表现出来的是这样一种理想人格：彻底摆脱外在功名利禄的束缚，超越社会，高扬自我，在一种超越时空，完全自由的精神王国之中信马由缰，逍遥遨游。阮籍在其《大人先生传》中对这种理想人格作有生动的描述：

　　大人先生……曰：呜乎！时不若岁，岁不若天，天不若道，道不若神。神者，自然之根也。……必超世而绝群，遗俗而独往。登乎太始之前，览乎汤漠之初。虑周流于无外，志浩荡而遂舒。飘摇于四运，翻翱翔乎八隅。欲从而仿佛，浣瀁而靡拘。细行不足以为毁，圣贤不足以为誉。变化移易，与神明扶。廓无外以为宅，周宇宙以为庐。强八维而处安，据制物以永居。③

其中的"神者，自然之根也"一语值得反复玩味。有学者认为，阮籍这里的"神"有两种意思："第一种是指'自然'本身所具有的一种不能察知说明的运动变化的力量，相当于《易经》所说

---

① 《嵇康集校注》，中华书局1987年版，第146页。
② 同上书，第156页。
③ 同上书，第186页。

的'阴阳不测之谓神',第二是指神是产生自然的根源"①。而我认为,这里的"自然"并非指天地自然,而是与"越名教而任自然"中的自然同义,即一种本性,一种无拘无束的理想存在。那么,如何体现这种本性和自由的理想存在呢?这就须要通过主观精神去感受,去体察,所以说"神者,自然之根也"。虽然阮籍、嵇康、刘伶等人建构了"越名教而任自然"的理论模式,但就是这批新模式的设计者本身,也并没有因此而求得情绪上的稳定和心理上的平衡,反而陷入了一种比正始名士更为痛苦的焦虑不安之中。

《三国志》卷二一《阮籍传》注引《魏氏春秋》曰:

> 籍旷达不羁,不拘礼法……闻步兵校尉缺,厨多美酒,营人善酿酒,求为校尉,遂纵酒昏酣,遗落世事……时率意独驾,不由径路,车迹所穷,辄恸哭而返。

《晋书》卷四九本传亦云籍"或闭户视书,累日不出;或登临山水,经日忘归"。

《世说新语·文学》注引《名士传》云:

> (刘伶)肆意放荡,以宇宙为狭,常乘鹿车,携一壶酒,使人荷锸随之,云:"死便掘地以埋!"土木形骸,遨游一世。

这种痛苦不堪的焦虑,主要是由他们所设计的重建模式本身造成的。因为在"越名教而任自然"的理论模式中,长久地积淀在人们心中的王权思想被否定了,通过入世干进求禄,建功立业来作为人生归宿的传统价值观念被削除了,联系人们价值、符号、模式的纽带——社会也被抛弃了。由此便造成了两大对抗:一是同传统的对抗;二是同社会的对抗。而传统和社会都是一种无法逃避,难以

---

① 《中国美学史》第二卷,中国社会科学出版社1987年版,第189页。

超越的硕大无朋的存在。在它们的面前，人们具有一种渺小无力、微不足道的深刻自卑，而竹林名士所精心塑造的在精神王国中绝对自由地作超越时空之遨游的理想人格又只是一种脱离社会、超越现实、难以实现的美妙空想，并不能为他们战胜传统与社会提供足够的力量和勇气。同时，扎根在内心深处的传统观念，社会责任感又时时刻刻地干扰、折磨着他们的心灵，致使他们不可能完全地脱离现实社会而躲进自己所建构的具有理想色彩的精神王国中去毫无牵挂地逍遥遨游。实际上，阮籍、嵇康、刘伶等人始终没有做到像"大人先生"和孙登那样超凡脱俗，而是终身陷入一种出与入的矛盾选择的困惑、焦虑和痛苦的折磨之中，嵇康于《卜疑集》中反复问道：

> 吾宁发愤陈诚，谴言帝廷，不屈王公乎？将卑懦委随，承旨倚靡，为面从乎？宁恺悌弘覆，施而不德乎？将进趣世利，苟容偷合乎？宁隐居行义，推至诚乎？将崇饰矫诬，养虚名乎？宁斥逐凶佞，守正不倾，明否臧乎？将傲倪滑稽，挟智任术，为智囊乎？宁与王乔、赤松为侣乎？将进伊挚而友尚父乎？宁隐鳞藏彩，若渊中之龙乎？宁舒翼扬声，若云间之鸿乎？宁外化其形，内隐其情，屈身隐时，陆沉无名，虽在人间，实处冥冥乎？将激昂为清，锐思为精，行与世异，心与俗并，所在必闻，恒营营乎？宁寥落闲放，无所矜尚，彼我为一，不争不让，游心皓素，忽然坐忘，追羲农而不及，行中路而惆怅乎？将慷慨以为壮，感慨以为亮，上干万乘，下凌将相，尊严其容，高自矫抗，常如失职，怀恨怏怏乎？……①

若将嵇康所提出的这数十个疑问予以归纳的话，其主题只有一个，即出与入的矛盾选择，而这正是当时士大夫矛盾心理的真实写

---

① 《嵇康集校注》卷三《卜疑集》，人民文学出版社1962年版，第136—139页。

照。若入世，可以消除个体与传统、社会的不堪忍受的矛盾和对抗，并由此而摆脱自卑的煎熬和孤独的痛苦，但必然要同腐朽邪恶的社会同流合污，必然要与那些虚伪的"礼法之士"委曲周旋，必然要陷入儒家的礼法枷锁，并由此而丧失自己的理想人格，瓦解自己亲手设计的重建模式，这是阮籍、嵇康、刘伶等人绝对不能接受的；若出世，可以摆脱虚伪名教的束缚和同伪君子的痛苦应酬，并由此而维护自己的独立人格，求得"越名教而任自然"理论的完整性。但如前所述，如此则会出现感情上的残酷厮杀和精神上的巨大孤独，这对阮籍等竹林名士来说也是一种不堪忍受的折磨。正是这种出与入的矛盾冲突，最终导致了"竹林七贤"的分化，山涛、向秀、王戎等人终于承受不了同传统、社会对抗的压力和痛苦，先后放弃了"越名教而任自然"的理论实践，投入司马氏的怀抱，到传统的建功立业的老路上寻找自己的人生归宿去了。而阮籍、嵇康、刘伶、阮咸等人虽然没有放弃自己的理论模式，但也未能像"大人先生"那样彻底的超脱，而是终生陷在这种矛盾冲突之中痛苦地挣扎、煎熬、徘徊、踌躇，由此而铸造了阮籍《咏怀诗》的深邃瑰丽和嵇康人格的悲壮崇高：

　　夜中不能寐，起坐弹鸣琴。薄帷鉴明月，清风吹我襟。孤鸿号外野，翔鸟鸣北林。徘徊将何见，忧思独伤心。

　　于心怀寸阴，羲阳将欲冥。挥袂抚长剑，仰观浮云征。云间有玄鹤，抗志扬声哀。一飞冲青天，旷世不再鸣。岂与鹑鷃游，连翩戏中庭。

　　天网弥四野，六翮掩不舒。随波纷纶客，泛泛若浮凫。生命无期度，朝夕有不虞。列仙停修龄，养志在冲虚。飘摇云日间，邈与世路殊。荣名非己宝，声色焉足。采药无旋返，神仙志不符。逼此良可惑，令我久踌躇。

　　昔有神仙士，乃处射山阿。乘云御飞龙，嘘噏叽琼华。可闻不可见，慷慨叹咨嗟。自伤非俦类，愁苦来相加。下学而上达，忽忽将如何！①

这是阮籍的《咏怀诗》，孤独悲郁，深沉感人，出与入的矛盾困惑洋溢于字里行间。是啊！生命本来就异常的宝贵、短暂，而今却要在这欲入不能，欲出不忍的矛盾痛苦之中日复一日地打发消磨，怎能不令阮籍悽怆伤怀。

康将刑东市……顾视日影，索琴弹之，曰："昔袁孝尼尝从吾学《广陵散》，吾每靳固之，《广陵散》于今绝矣！"时年四十。海内之士，莫不痛之。②

这是嵇康的人格，慨崇高，凛然悲壮。而于此人格之中，亦凝聚着出与入的深刻矛盾。他是以死来作为对这种矛盾的最后解脱，而寄希望于来世的"采薇山阿，散发岩岫。永啸长吟，颐性养寿"③。

从竹林时代至永嘉之乱，社会始终处于一种激剧的动荡之中，司马氏代曹，八王之乱，五胡乱华，灾祸迭起，邪恶丛生。黑暗腐朽的现实，致使人们普遍接受了"越名教而任自然"的理论，但这个理论模式却不能承担起精神支柱的重任，因此它不仅不能完满地解答现实社会带给人们的各种痛苦和烦恼，而且其理论体系中的同传统、社会的两大对抗在人们心中掀起了更大的恐惧和不安。生活失去了目标，道德失去了规范，生命失去了价值，人生失去了归宿，人们陷入了极度的焦虑困惑之中，由是造成了社会和道德反常现象的风靡一时："刘伶纵酒放达，或脱衣裸形在屋中。人见讥之，伶曰：'我以天地为栋宇，屋室为裈衣，诸君何为入我裈中！'"阮籍

---

① 《阮籍集校注》，中华书局1987年版，第210、285、326、398页。
② 《晋书》卷四九《嵇康传》，中华书局1974年版，第1374页。
③ 《幽愤诗》（嵇康临刑前的遗作），见《晋书》卷四九《嵇康传》，中华书局1974年版，第1373页。

丧母，裴楷往吊之。"阮方醉，散发坐床，箕踞不哭"。阮咸先与姑家婢私通，及居母丧，其姑将婢远行，咸"借客驴，著重服，自追之，累骑而返，曰：'人种不可失！'"又与宗人聚会，以大瓮盛酒，围坐牛饮。"时有群猪来饮，直接去上，便共饮之。"① 这种风气于渡江之初尚存余波，《晋书》卷四九《光逸传》曰：

  寻以世难，避难渡江，复依（胡毋）辅之。初至，属辅之与谢鲲、阮放、毕卓、羊曼、桓彝、阮孚散发裸裎，闭室酣饮已累日。逸将排户入，守者不听，逸便于户外脱衣露头于狗窦中窥之而大叫。辅之惊曰："他人决不能尔，必我孟祖也。"遽呼入遂与饮，不舍昼夜。时人谓之八达。

正由于"越名教而任自然"的理论模式未能承担起精神支柱的重担，人们精神空虚，无所寄托，深感人生虚幻如梦。于是，一股单纯满足生理欲求的及时行乐的思潮便在社会上弥漫开来：

  晏平仲问养生于管夷吾。管夷吾曰："肆之而已，勿壅勿阏"。晏平仲曰："其目奈何"？夷吾曰"恣耳之所欲听，恣目之所欲视，恣鼻之所欲向，恣口之所欲言，恣体之所欲安，恣意之所行。夫耳之所欲闻音声，而不得听，谓之阏聪；目之所欲见者美色，而不得视，谓之阏明；鼻之所欲向者椒兰，而不得嗅，谓之阏颤；口之所欲道者是非，而不得言，谓之阏智；体之所欲安者美厚，而不得从，谓之阏适；意之所欲为者放逸，而不得行，谓之阏性。凡此诸阏，废虐之主。去废虐之主，熙熙然以俟死，一日、一月、一年、十年，吾所谓养。拘此废虐之主，录而不舍，戚戚然以至久生，百年、千年、万年，非吾

---

① 均见《世说新语·任诞》第二三，第390—410页。

所谓养"①。

这是《列子·杨朱篇》中所宣扬的观点。而《列子·杨朱篇》正好产生于西晋时代，这是学术界所公认的。实际上，这种露骨的及时行乐的观点只不过是《列子·杨朱篇》的作者对当时社会思潮的归纳综合而已。西晋时期，士大夫们挥霍成性，穷奢极欲：石崇厕所之中常有十余婢侍列，"皆丽服藻饰，置甲煎粉、沉香汁之属，无不毕备，又与新衣著令出"。王济"以人乳饮㹠"，以求味美。② 夏侯湛"侯服玉食，穷滋极珍"。③ 任恺"一食万钱，犹云无可下箸处"。④

在这个时代里，除了弥漫着及时行乐的思潮之外，还有几种时尚的社会现象值得注重。

一，好乐喜啸

嵇康终身好乐，且著有《琴赋》及《序》，《三国志》卷二十一《嵇康传》注引《魏氏春秋》云：

> 康临刑自若，援琴而鼓，既而叹曰："雅音于是绝矣！"

同书注引《晋阳秋》曰："康见孙登，登对之长啸，踰时不言。"

阮籍"嗜酒能啸，善弹琴，当其得意，忽忘形骸"⑤。《三国志》卷二一《阮籍传》注引《魏氏春秋》曰：

> 籍少时尝游苏门山，苏门山有隐者，莫知名姓……籍从之，

---

① 杨伯峻撰：《列子集释》，中华书局1985年版，第222—223页。
② 《世说新语·汰侈》第三〇，见《世说新语校笺》，中华书局1984年版，第469页。
③ 《晋书》卷五五《夏侯湛传》中华书局1974年版，第1499页。
④ 《晋书》卷四五《任恺传》，第1287页。
⑤ 《晋书》卷四九《阮籍传》，第1359页。

与谈太古无为之道，乃论五帝三王之义，苏门生萧然曾不经听。籍乃对之长啸，清韵响亮，苏门生逌尔而笑，籍既降，苏门生亦啸，若鸾凤之音焉。

二，斗富赌博

《世说新语·汰侈》曰：

> 王君夫以饴糒澳釜，石季伦用蜡烛作炊。君夫作紫丝布步障碧绫裹四十里，石崇作锦步障五十里以敌之。石以椒为泥，王以赤石脂泥壁。
>
> 王君夫有牛名八百里驳，常莹其蹄角。王武子语君夫："我射不如卿，今指赌卿牛，以千万对之"。君夫既恃手快，且谓骏物无有杀理，变相然可，令武子先射。武子一起便破的，却据胡床，叱左右速探牛心来。须臾，炙至，一脔便去。
>
> 石崇与王恺争豪，并穷绮丽，以饰舆服。武帝，恺之甥也，每助恺。尝以一珊瑚树高二尺许赐恺，枝柯扶疏，世罕其比，恺以示崇：崇视讫，以铁如意一击之，应手而碎。恺既惋惜，又以为疾己之宝，声色甚厉。崇曰："不足恨，今还卿。"乃命左右悉取珊瑚树，有三尺、四尺，条干绝世，光彩溢目者六七枚，如恺许比甚众。恺惘然自失。

另，《晋书》卷四三《王澄传》亦云澄"投壶博戏，数十局俱起"。

三，裸裎醉饮

竹林以降，晋人散发裸裎，嗜酒醉饮，已见前述，此不再赘。

所以，要把这几种风行一时的社会现象不厌其烦地罗列出来，是因为我要对此做出异于他人的解释。以前学术界把晋人酗酒斗富归结为地主阶级的腐朽糜烂，有人把嵇康、阮籍等人好乐归为个体内心之自觉。① 而我则认为上述各种社会现象均为当时士大夫宣泄内心焦虑的途径和手段。

嵇康于《琴赋序》中曰:"处穷独而不闷者莫不近于音声也。"联系他在《与山巨源绝交书》中言己"又有心闷疾,顷转增笃。"可见他是通过音乐来宣泄自己心中的烦闷和焦虑。他人好乐,亦可作如是观。至于啸,也是汉末才与歌分裂出来的一种抒发情感的形式②。它之所以产生于东汉后期进而得到阮籍等人的喜好,主要是因为这种形式能够大量排出人体的心中之气而使之舒展,此与这个时代的人喜欢仿学驴鸣一样③,是一种比较有效的宣泄内心焦虑的手段。赌博斗富,是人们通过一种刺激来转移、排遣心中的忧虑。《晋书》卷八二《王隐传》言王隐劝丞相军谘祭酒祖纳不要"博弈"时,纳曰:"聊用忘忧耳",是其证。至于借酒浇愁的道理,历来为人们所知晓。曹操说:"何以解忧?唯有杜康。"④ 顾荣谓友人张翰曰:"惟酒可以忘忧。"⑤ 王荟云:"酒正自引人着胜地。"⑥ 王忱叹言:"三日不饮酒,觉形神不复相亲。"⑦ 说的都是一个道理。联系晋人饮酒往往与放浪形骸的举动连在一起这一现象,便更能说明晋人嗜酒旨在宣泄内心的忧愁和焦虑。

与道本儒末理论模式相比较,越名教而任自然理论模式完全抛

---

① 见余英时《士与中国文化》,上海人民出版社1987年版,第346页。
② 参见王保玹《正始玄学》,齐鲁书社1987年版,第334页。
③ 乐学驴鸣,始于东汉后期之戴良。《后汉书》卷八三《逸民传》曰:"良少诞节,母喜驴鸣,良常学之以娱乐焉。"此后,魏晋人蔚为风气。《世说新语·伤逝》曰:"王仲宣好驴鸣,既葬,文帝临其丧,顾语同游曰:'王好驴鸣,可各作一声以送之,赴客皆一作驴鸣。'"又曰:"孙子荆以有才少所推服,唯雅敬王武子。武子丧时,名士无不至者。子荆后来,临尸恸哭,宾客莫不垂涕。哭毕,向灵床曰:'卿常好我作驴鸣,今我为卿作'。休似真声,宾客皆笑。孙举头曰:'使君辈存,令此人死!'"驴之鸣于动物之鸣叫之中甚有特色:先做深呼吸,然后将胸中之气大量排放出去。人若学之,自然感到轻松舒展。
④ 曹操《短歌行》,见《三曹集》,岳麓书社1992年版,第65页。
⑤ 《晋书》卷六八《顾荣传》,中华书局1974年版,第1811页。
⑥ 《世说新语·任诞》第二三,见《世说新语校笺》,中华书局1984年版,第408页。
⑦ 同上书,第410页。

弃了社会功能方面的考虑，彻底转入对精神意境的追求和理想人格的塑造，将人的位置突出到一个前所未有的高度。这对于人的解放和人的本体论的理论探索无疑是具有重要意义的。但由于它基本上属于一种脱离实际、超越现实的美妙空想，难以承担起精神支柱的重任，没有解决当时社会的迫切需要，所以也就不可避免地走向了失败的结局。

第三章　内圣外王的理论模式

由于人们在心理上难以承受对传统和社会的对抗，所以正值"越名教而任自然"的理论高唱入云的时刻，一种旨在消除两大对抗而又不否定人的精神超越的新模式——"内圣外王"的理论模式亦开始萌芽破土，诞生成长。十分有趣的是，它的奠基人却正是竹林七贤之一的向秀。在其《难养生论》一文中，他正式表白了同嵇康等人的分歧及新理论的基本内容。

> 难曰：若夫节哀乐，和喜怒，适饮食，调寒暑，亦古人之所修也。至于绝五谷，去滋味，寡情欲，抑富贵，则未之敢许也。何以言之？夫人受形于造化，与万物并存，有生之最灵者也。异于草木，草木不能避风雨，辞斧斤；殊于鸟兽，鸟兽不能远网罗而逃寒暑。有动以接物，有智以自辅。此有心之益，有智之功也。若闭而默之，则与无智同，何贵于有智哉！①

这里，向秀否定了"越名教而任自然"理论模式中的那种脱离现实、轻视人的基本欲望而进行单纯的精神超越逍遥的内容（即嵇康的养神），把人们从充满虚幻的精神王国中拉回到现实世界。肯定人要在现实世界中生存下去，就不可能"绝五谷、去滋味、寡情欲，抑富贵"的去作单纯的精神追求，只有在人的上述基本欲望满

---

① 《嵇康集校注》卷四附向秀《难养生论》，人民文学出版社1962年版，第161—162页。

足之后，才有可能进入精神领域漫步遨游。但要想满足这些基本欲望是有条件的，不可能摆脱现实社会的各种束缚：

> 夫天地之大德曰生，圣人之大宝曰位，崇高莫大于富贵，然富贵，天地之情也。贵则人顺己以行义于下，富则所欲得以有财聚人，此皆先王所重，关之自然，不得相外也。又曰：富与贵，是人之所欲也。但当求之以道义，在上以不骄无患，持满以损俭不溢，若此，何为其伤德邪？
>
> 夫人含五行而生，口思五味，目思五色，感而思室，饥而求食，自然之理也。但当节之以礼耳。①

向秀从人的现实性出发，把人的自然本能和基本欲望作为一种"自然之理"来加以肯定。同时又从社会的现实出发，要求人们在实现这些"自然之理"时，"当求之以道义"，"当节之以礼"。这样一来，自然与名教又成了相辅相成的统一体了。这一观点在向秀所精心撰写的《庄子注》②中亦有充分的表露，如《列子注》中所引其注云："夫实由文显，道以事彰，有道而无事，犹有雌而无雄耳"。说的就是这一意思。向秀终于忍受不住两大对抗的残酷折磨，于痛苦之中开始了新理论的探求。《世说新语·言语》曰：

> 嵇中散既被诛，向子期举郡计入洛，文王引进，问曰："闻君有箕山之志，何以在此？"对曰："巢、许狷介之士，不足多慕！"王大咨嗟。

---

① 《嵇康集校注》卷四附向秀《难养生论》，人民文学出版社1962年版，第162—164页。

② 关于《庄子注》的作者，学术界素来争论激烈，我无意于此花费笔墨，只表示自己赞同这样一种观点：即向秀是以自然与名教合一注《庄子》的第一人；郭象的《庄子注》无疑是大量地吸收了向秀的成果。保留了大量向秀注的内容，但其书并非全为向秀所著，而是具有郭象自己的理论体系，是向秀《庄子注》的发展。现存《庄子注》可以视为向秀和郭象的共同成果（参见汤一介《郭象与魏晋玄学》）。

其注引《向秀别传》亦曰：

> 后康被诛，秀遂失图，乃应岁举。到京师，诣大将军司马文王，文王问曰："闻君有箕山之志，何能自屈？"秀曰："常谓彼人不达尧意，本非所慕也。"一坐皆说。随次转至黄门侍郎，散骑常侍。

这就是说，无论是从理论上还是从实践上，向秀都抛弃了"竹林名士"所精心建构的"越名教而任自然"的理论模式。

从人格上讲，向秀无疑不如竹林七贤中的嵇康、阮籍等人，但从对历史发展的贡献上去看，向秀丝毫不比嵇康、阮籍等人逊色。他虽然没有完全解决好自然与名教、个体与社会、外在的建功立业与内在的精神超越等矛盾，虽然没有建立一个类似郭象的"内圣外王"那样体系完整的理论模式，但向秀对历史的贡献是不可低估的。《世说新语·文学》云：

> 阮宣子有令闻。太尉王夷甫见而问曰："老庄与圣教同异？"对曰："将无同"。太尉善其言，辟之为掾。世谓"三语掾"。

所谓"将无同"，实际上就是向秀的"以儒道为一"① 思想的翻版，可见至西晋后期，向秀的思想已在社会上造成了一定的影响，而郭象的"内圣外王"理论又直接源于向秀。可以这样认为：是向秀的"以儒道为一"的思想为新的理论模式规定了方向，奠定了基础。

正如前章所言，由于西晋社会的动荡和"越名教而任自然"的理论模式没有能够担负起精神支柱的重任，所以人们情绪不稳、精

---

① 谢灵运对向秀思想的归纳，见其著《辨宗论》。

神空虚，出现了众多社会和道德的反常现象。这一状况在部分士大夫中引起深深的忧虑和不安，乐广、裴頠等人便站了出来，企图用儒家名教来整饬流风时弊。

> 王平子、胡毋辅国诸人，皆以任放为达，或有裸体者，乐广笑曰："名教中自有乐地，何为乃尔也？"①

乐广只是规劝，要求人们用名教来束缚其行为，到名教之中去寻觅快乐，但并没有从理论上解决好如何摆脱迷惘困惑而进入名教乐地，裴頠则比乐广进了一步，他破除了士大夫所奉行的"越名教而任自然"的理论依据——贵无论，建立了推崇名教的"崇有论"。其《崇有论》曰：

> 夫至无者无以能生，故始生者自生也。自生而必体有，则有遗而生亏矣。生以有为己分，则虚无是有之所谓遗者也。故养既化之有，非无用之所能全也；理既有之众，非无为之所能循也。心非事也，而制事必由于心，然不可以制事以非事，谓心为无也。匠非器也，而制器必须于匠，然不可以制器以非器，谓匠非有也。是以欲收重泉之鳞，非偃息之所能获也；陨高墉之禽，非静拱之所能捷也；审投弦饵之用，非无知之所能览也。由此而观，济有者皆有也，虚无奚益于已有之群生哉！②

破除贵无，建立崇有，其目的就在于以名教规范来约束人们的行为，以求得社会的稳定，故《崇有论》开章明义便曰：

> 众理并而无害，故贵贱形焉。失得由乎所接，故吉凶兆焉。

---

① 《世说新语·德行》第一，见《世说新语校笺》，中华书局1984年版，第14页。
② 《晋书》卷三五《裴頠传》，中华书局1974年版，第1046—1047页。

> 是以贤人君子，知欲不可绝，而交物有会。观乎往复，稽中定务。惟夫用天之道，分地之利，躬其力任，劳而后飨，居以仁顺，守以恭俭，率以忠信，行以敬让，志无盈求，事无过用，乃可济乎！故大建厥极，绥理群生，训物垂范，于是乎在，斯则圣人为政之由也。①

裴頠的《崇有论》虽然旨在以名教规范来匡正社会、道德的反常行为，并没有解决名教与自然，个体与社会的矛盾，但它所指出的"崇有"理论一方面将人们从虚幻的理想中拉回到了生活的现实，一方面又为郭象建构"内圣外王"的模式提供了理论依据②。由此可将其视为由"越名教而任自然"理论模式向"内圣外王"理论模式转变的一个十分重要的环节。

至郭象注《庄子》，完全抛弃了玄学家们所注重的"贵无"理论，将裴頠的崇有之论接过来加以改头换面而作为自己的理论依据，然后沿着向秀规定的"以儒道为一"的方向丰富发展，终于产生出一个结合社会现实的体系较为完整的新的重建模式——内圣外王模式。

郭象于其《庄子序》中曰：

> 然庄生虽未体之，言则至矣。通天地之统，序万物之性，达死生之变，而明内圣外王之道，上知造物无物，下知有物之自造也，其言宏绰，其旨玄妙。至至之道，融微旨雅；泰然遣放，放而不敖。故曰不知义之所适，猖狂妄行而蹈其大方；含哺而熙乎澹泊，鼓腹而游乎混芒，至仁极乎无亲，孝慈终于兼忘，礼乐复乎己能，忠信发乎天光。用其光则其朴自成，是以神器独化于玄冥之境而源流深长也。

---

① 《晋书》卷三五《裴頠传》，中华书局1974年版，第1044页。
② 汤一介：《郭象与魏晋玄学》，湖北人民出版社1983年版，第167页。

郭象于此借评价庄子，明确地抛出了自己的重建纲领和重建的理论依据。其纲领："明内圣外王之道"。其理论依据："上知造物无物，下知有物之自造。"①

所谓"内圣外王之道"，就是将强调个体精神追求的道家学说（内圣）与强调社会规范秩序的儒家学说（外王）不分彼此地糅合在一起，组成一个新的理论体系；就是将个体与社会、自然与名教、内在精神的超越与外在功名的追求协调起来，有机地融为一体而消除相互之间的矛盾。这是一项规模宏大而又任务艰巨的工程，郭象为此作出了巨大的努力。首先，他清醒地意识到，要消除个体社会、自然与名教等矛盾，必须破除"贵无"之论。前已有言：正始名士虽然强调本末一体，体用如一，但并不消除二者之间的差异，反而强调"道本儒末"，自然凌驾于名教之上，如此则二者之间必然存在着矛盾冲突；竹林名士更极端，干脆提出"越名教而任自然"的主张，致使矛盾激化，出现全面对抗。而无论正始名士也好，竹林名士也好，其理论基石都是贵无论。所以，郭象若要调和矛盾，使对立着的双方融为一体，就必然要抛弃这"贵无"之论。于是，他接过裴頠的"崇有论"，加以改造——之所以要改造，是因为裴頠的崇有论是为强调名教而设计的理论，若照搬则不能实现消除矛盾的目的——变成了为己服务的理论，即新的"崇有论"，也就是前面所引的"上知造物无物，下知有物之自造也"。他在《齐物论注》中对此作有进一步的阐明：

> 夫天籁者，岂复别有一物哉？即众窍比竹之属，接乎有生之类，会而共成一天耳。无既无矣，则不能生有；有之未生，又不能为生。然则生生者谁哉？块然而自生耳。自生耳，非我生也。我既不能生物，物亦不能生我，则我自然矣。自己而然，则谓之天然。天然耳，非为也，故以天言之。以天言之所以明

---

① 凡文中所引郭象《庄子注》，均源于中华书局1961年版《庄子集释》。

其然也，岂苍苍之谓哉！而或者谓天籁役物使从已也。夫天且不能自有，况能有物哉！故天者，万物之总名也，莫适为天，谁主役物乎？故物各自生而无所出焉，此天道也。

"块然而自生"，"天者，万物之总名也"。"物各自生而无所出焉，此天道也"。这就否定了外在的权威，强调了本体的作用。关于这一点，其《齐物论注》的另一段话说得越发明了：

造物者无主，而物各自造，物各自造而无所待焉，此天地之正也，故彼我相因，形景俱生，虽复玄合，而非待也，明斯理也，将使万物各反所宗于体中而不待乎外，外无所谢而内无所矜，是以诱然皆生而不知所以生，同焉皆得而不知所以得也，今罔两之因景，犹云俱生而非待也，则万物虽聚而共成乎天，而皆历然莫不独见矣。故罔两非景之所制，而景非形之所使，形非无之所化也，则化与不化，然与不然，从人之与由己，莫不自尔，吾安识其所以哉！故任而不助，则本末内外，畅然俱得，泯然无迹。若乃责此近因而忘其自尔，宗物于外，丧主于内，而爱尚生矣。虽欲推而齐之，然其所尚已存乎胸中，何夷之得有哉！

这就划清了同裴頠"崇有论"的界限，裴是用外在的名教礼法来约束人们的行为，而郭象则主张依靠内在的心灵的约束力来支配人们的行为，它开启了宋明理学突出伦理道德作用的先河。当然，郭象推出新的崇有论的主要目的是在消除现实社会矛盾。诚如汤一介所言："郭象论证'造物无物'最重要的意义，是要论证在'有'之外再没有一'无'作为它存在的根据。解决这个问题在当时有着很重要的现实意义，即可进一步齐一儒道、调和'自然'和

'名教'。这正是魏晋玄学要解决的根本问题。"①

如同向秀一样，郭象注《庄子》是另有用心的，他是以《庄子》为载体，系统地阐明自己所建构的"内圣外王"的理论。但儒道两家学说分歧甚大，在《庄子》一书中载有大量同儒家思想相对抗的理论和言语，这与郭象的目的是相乖异的。为了解决这一难题，郭象借用正始名士"得意忘言"的手法，来了个"寄言出意"。《山木篇注》曰：

夫庄子推平于天下，故每寄言以出意，乃毁仲尼贱老聃，上掊击乎三皇，下痛病其一身也。

至于郭象是如何用"寄言出意"的方法来调和儒道矛盾建立"内圣外王"理论体系的，今人汤一介考察精当，言之甚详。现略援如下：

1. 用"寄言出意"的方法撇开庄周原意，肯定周、孔名教不可废弃。
2. 用此方法，形式上是肯定周孔"名教"，实质上是宣扬老、庄"自然"。
3. 用此方法，齐一儒道，调和"自然"与"名教"，发明其玄学新旨。②

郭象的"内圣外王"重建模式是从人和社会的客观实际出发而设计出来的。他认为：人和社会是一个统一体，人不可能完全脱离社会而孤独地存在。《山木注》曰：

---

① 汤一介：《郭象与魏晋玄学》，湖北人民出版社1983年版，第235页。
② 同上书，第236—240页。

> 人之生，必外有接物之命，非如瓦石，止于形质而已。

《人间世注》亦曰：

> 与人群者，不得离人。

《逍遥游注》曰：

> 夫与物冥者，故群物之所不能离也。是以无心玄应，唯感之从，泛乎若不系之舟，东西之非己也，故无行而不与百姓共者，亦无往而不为天下之君矣。

既然人与社会是一种无法割裂开来的关系，那么君王的存在也就成为天经地义的了：

> 千人聚，不以一人为主，不乱则散。故多贤不可以多君，无贤不可以无君，此天人之道，必至之宜。①

这样，被竹林名士所抛弃了的君权思想又被请了回来。不仅如此，名教所鼓吹的礼法规范也成了必不可少的东西：

> 人之生也，可不服牛乘马乎？服牛乘马，可不穿落之乎？牛马不辞穿落者，天命之固当也。苟当乎天命，则虽寄之人事，而本在乎天也②。

如此一来，"名教"也就成为一个不可超越的合理存在了。

既然人与社会不可分离，"名教"是一个合理的存在，那么，对外在功名利禄的追求也顺理成章了。这当然不是郭象的发明，儒

---

① 《庄子》内篇《人间世》注，见《庄子集释》，中华书局1961年版，第155页。
② 《庄子》外篇《秋水》注，见《庄子集释》，中华书局1961年版，第342页。

家的先贤圣哲对此早有论述。问题是身居乱世之中，是否还应该与社会保持和谐、继续外在功名利禄的追求？按照传统的观点，应该是"邦有道，兼济天下，邦无道，独善其身。"所以，每值社会动乱或君主昏庸之时，总有一部分士大夫远离红尘，结庐深山而独善其身去了。而且汉末至郭象生活的西晋，社会始终混乱不安，黑暗、腐朽、狰狞、险恶，见不到光明美妙的前途，找不到拯救社会的良方，面对如此之社会，路该怎么走？是独善其身，终生孤独、寂寞地去追求理想人格？还是同流合污，凭借自己的聪明才智去拥抱功名利禄？这是一个长久困惑着人们的重大难题，也就是前章所说的出与入的矛盾。而郭象在内圣外王的理论中对这一难题做出了时人较为满意的解答：

> 夫命行事变，不舍昼夜，推之不去，留之不停。故才全者，随所遇而任之。①
> 夫圣人游于变化之涂，放于日新之流，万物万化，亦与之万化，化者无极，亦与之无极，谁得遯之哉！②

这就是说，社会是一个瞬息万变，不可测知的怪物，没有固定不变的一姓之君，亦无固定的是非观念和人生准则。所以，人们不要用一个固定的模式把自己束缚住，而是要承认客观现实，承认命运，真正做到无是非于心，一切任其自然，随波逐流，随遇而安：

> 命非己制，故无所用其心也。夫安于命者，无往而非逍遥矣，故虽匡陈羑里，无异于紫极闲堂也。③
> 知不可奈何者命也而安之，则无哀无荣，何易施之有哉！故冥然以所遇为命而不施心于其间，泯然与至当为一而无休戚

---

① 《庄子》内篇《德充符》注，见《庄子集释》，中华书局1961年版，第213页。
② 《庄子》内篇《大宗师》注，见《庄子集释》，中华书局1961年版，第246页。
③ 《庄子》外篇《秋水》注，见《庄子集释》，中华书局1961年版，第345页。

于其中，虽事凡人，犹无住而不适，而况于君亲哉。①

至于理想人格——即独善其身，关键是一个主观感受问题，如果你事先没有一个固定的是非观念、人生准则存在于心，真正做到冥然而无所用心的话，那么，无论邦有道还是邦无道，无论曹氏为皇还是司马氏为帝，无论尧舜之主还是纣粲之主，无论知遇之友还是杀父之敌，只要有官可做，就毫不犹豫地去占据，去逍遥。

夫圣人之心，极两仪之至会，穷万物之妙数。故能体化合变，无往不可，磅礴万物，无物不然。世以乱故求我，我无心也。我苟无心，亦何为不应世哉！②

世俗不为尊严于君亲而从俗，俗不谓之馅，明尊严不足以服物，则服物者更在于从俗也。是以圣人未尝独异于世，必与时消息，故在皇为皇，在王为王，岂有背俗而用我哉！③

很明显，郭象于此是将山涛劝嵇绍的"与时消息"的话④作了理论上的论证和拔高。正因为如此，他反对脱离现实，反对个体与社会对抗。《让王》注曰：

曰：夷许之弊安在？曰：许由之弊，使人饰让以求进，遂至乎之哙也；伯夷之风，使暴虐之君得肆其毒而莫之敢亢也；伊吕之弊，使天下贪冒之雄敢行篡逆；唯圣人无迹，故无弊也。……夫圣人因物之自行，故无迹。

---

① 《庄子》内篇《人间世》注，见《庄子集释》，中华书局1961年版，第156页。
② 《庄子》内篇《逍遥游》注，见《庄子集释》，中华书局1961年版，第279页。
③ 《庄子》外篇《天地》注，见《庄子集释》，中华书局1961年版，第448页。
④ 《世说新语·政事》卷三曰："嵇康被诛后，山公举康子绍为秘书丞。绍咨公出处，公曰：'为君思之久矣。天地四时，犹有消息，而况人乎！'"

十分明显，郭象的这份答卷是西晋士大夫于长久的混乱不安的社会环境中见不到前途的一种悲观失望的应世哲学，传统士大夫的忠君意识、气节观念等在这里全部被打碎了。所以，东晋、南朝朝廷屡乱，皇祚频易，却很少有人拼死相争，效命社稷。这一历史现象与郭象的理论是有着密切联系的。虽然如此，但郭象的理论却是时代的产物，它是"君权神授"观念崩溃、自我意识增强而又身处长久混乱局势之中的士大夫沟通个体与社会关系的一条通道，解决了长期困惑人们的出与入的矛盾，对于稳定士人的心理情绪，调和人与社会的关系起了极大的作用。

> 夫圣人虽在庙堂之上，然其心无异于山林之中，世岂识之哉！徒见其戴黄屋，佩玉玺，便谓足以缨绂其心矣；见其历山川，同民事，便谓足以憔悴其神矣；岂知至至者之不亏哉①！
> 夫理有至极，外内相冥，未有极游外之致而不冥于内者也，未有能冥于内而不游于外也。故圣人常游外以冥内，无心以顺有，故虽终日见形而神气无变，俯仰万机而淡然自若。夫见形而不及神者，天下之常累也。是故睹其与群物并行，则莫能谓之遗物而离人矣；睹其体化而应物，则莫能谓之坐忘而自得矣，岂直谓圣人不然哉？乃必谓至理之无此②。

这就是内圣外王理论的核心内容，内冥与外游统一了，自然与名教协调了，个体与社会的矛盾对抗消失了，人们心头的困惑焦虑也就因此而稀释、淡化了，余下的是如何抓住有限的人生去尽情享受、任意逍遥。

内圣外王理论模式的完成在西晋，但作为一种精神支柱而普遍地被人们所接受却是在东晋。虽然西晋的部分名士如山涛、向秀、

---

① 《庄子》内篇《逍遥游》注，见《庄子集释》，中华书局1961年版，第28页。
② 《庄子》内篇《大宗师》注，见《庄子集释》，中华书局1961年版，第268页。

王戎、郭象等人自觉或不自觉地较早地实践了这一理论，但更多的名士却是在"越名教而任自然"和"内圣外王"两种理论模式中进行矛盾的选择。即便是像山涛等较早的实践者，也并没有完全摆脱"越名教而任自然"理论的影响，所以他们的言行往往陷入矛盾的窘境。《晋书》卷五六《孙绰传》曰：

> 尝鄙山涛，而谓人曰："山涛吾所不解，吏非吏，隐非隐，若以元门为龙津，则点额暴鳞矣"。

西晋名士之所以没有普遍接受内圣外王的理论模式：一是越名教而任自然理论的影响；二是当时社会的腐朽黑暗。司马氏代魏，八王之乱等在人们心灵上造成了极大的阴影，所以名教与自然，个体与社会的关系很难协调起来。这就提出了一个问题，东晋社会同样腐败黑暗，但过江后人们为何便能普遍接受内圣外王的理论模式呢？我以为：这除了前面已言的人们难以承受同传统、社会对抗的压力、痛苦之外，一个更重要的原因则是"永嘉之乱"对人们心灵的强刺激。《晋书》卷五《怀帝纪》曰：

> 刘曜、王弥入京师。帝开华林园门，出河阴藕池，欲幸长安，为曜等所追及。曜等遂焚宫庙、逼辱妃后……百官士庶死者三万余人。

《晋书》卷五十九《东海王越传》曰：

> 永嘉五年，（越）薨于项……还葬东海。石勒追及于苦县宁平城……于是数十万众，勒以骑围而射之，相践如山。王公士庶死者十余万。王弥弟璋焚其余众，并食之。

社稷涂炭，民族遭辱，士大夫本身也陷入空前的大灾难，大批名士如王衍等惨遭杀戮，即便是有幸得以避乱过江，也是历经险阻，苦不堪言。《世说新语·德行》云：

> 邓攸始避难，于道中弃己子，全弟子。既过江，取一妾，甚宠爱。历年后，讯其所由，妾据说是北人遭乱，忆父母姓名，乃攸之甥也。攸素有德业，言行无玷，闻之哀恨终身，遂不复蓄妾。

其注云：

> 王隐《晋书》曰："攸以路远斫坏车，以牛马负妻子以叛，贼又掠其牛马。攸语妻曰：'吾弟早亡，唯有遗民；今当步走，儋两儿尽死，不如弃己儿，抱遗民。吾后犹当有儿。'妇从之。"《中兴书》曰"攸弃儿于草中，儿啼呼追之，至暮复及。攸明日系儿于树而去，遂渡江。"

邓攸的遭遇不过是其中较为典型的一例而已，渡江名士之惨状，我们可由此去窥见一斑。

残酷的事实使名士们领悟到，个体的命运同国家、社会的命运是密切地联系在一起的。如果国家崩溃了，将有灭族灭种之灾，个体的超越也就无从谈起。因此，不能把个体摆在与国家、社会对抗的位子上，而应协调统一起来。《世说新语·言语》曰：

> 过江诸人，每至美日，辄相邀新亭，借卉饮宴。周侯（顗）中坐而叹曰："风景不殊，正自有山河之异！"皆相视流泪。唯王丞相（导）愀然变色曰："当共勠力王室，克复神州，何至作楚囚相对！"
>
> 卫洗马（玠）初欲渡江，形神惨顇，语左右云："见此茫茫，不觉百端交集。苟未免有情，亦复谁能遣此！"

正由于人们对个体与社会的关系有了新的认识，所以过江名士由"越名教而任自然"的理论模式转向了"内圣外王"的理论模式。《世说新语·言语》曰：

> 周仆射雍容好仪形。诣王公，初下车，隐数人，王公含笑看之。既坐，傲然啸咏。王公曰："卿欲希嵇、阮邪？"答曰："何敢近舍明公，远希嵇、阮"。

这里所言的"王公"，即前面提到的那个"愀然变色"劝人们"勠力王室"的丞相王导。周顗的"何敢近舍明公，远希嵇、阮"之语并非随机应变的"俛仰之对"，而是说他抛弃了嵇、阮的那种脱离社会实际的虚幻追求，而接受了王导所奉行的"内圣外王"之道。《世说新语·言语》又云：

> 谢太傅问诸子侄："子弟亦何豫人事，而正欲使其佳？"诸人莫有言者，车骑答曰："譬如芝兰玉树，欲使其生于阶庭耳"。

观谢玄之答，说明他已深解"内圣外王"之道。而谢太傅安本人更是精通此道。《晋书》卷七九《谢安传》云：

> 尝与王羲之登冶城，悠然遐想，有高世之志。羲之谓曰："夏禹勤王，手足胼胝；文王旰食，日不暇给。今四郊多垒，宜思自效，而虚谈废务，浮文妨要，恐非当今所宜。"安曰："秦任商鞅，二世而亡，岂清言致患邪！"

王羲之将精神超越与治国安邦相对立，是还未深得"内圣外王"之要旨，而谢安可谓登堂入室矣。

由于东晋名士比较普遍地接受了"内圣外王"的重建模式，所以长久压抑在人们心头的困惑焦虑也就基本消除了。虽然渡江之初还偶有谢鲲、胡毋辅之等人的"散发裸裎、闭室酣饮累日"等反社会、反道德的现象，但随着东晋政权的稳定，这种现象便十分罕见了。人同社会的和谐统一，使得人们将高昂于九天之上的头颅、逍遥于六合之外的神虑收缩、聚集到实实在在的地上、人间。

由于人们同社会的对抗情绪解除了，所以其主观感受也出现了根本的变化，人们惊喜地发现，原来人间竟有这么多得美好、这么多得可爱、这么多得欢趣、这么多得享乐。

简文入华林，顾谓左右曰："会心处不必在远，翳然林水，便自有濠、濮间想也，觉鸟兽禽鱼自来亲人"。

顾长康从会稽还，人问山川之美，顾云："千岩竞秀，万壑争流，草木蒙笼其上，若云兴霞蔚。

王司川至吴兴印渚中看，叹曰："非唯使人情开涤，亦觉日月清朗"。

王子敬云："从山阴道上行，山川自相映发，使人应接不暇。若秋冬之际，尤难为怀"。

司马大傅斋中夜坐，于时天月明净，都天纤翳，太傅叹以为佳。谢景重在坐，答曰："意谓乃不如微云点缀。"①

羲之既去宫，与东土人士尽山水之游，弋钓为娱。又与道士许迈共修服食，采药石不远千里，遍游东中诸郡，穷诸名山，泛沧海，叹曰："我卒当以乐死"。②

"少学琴书，偶爱闲静，开卷有得，便欣然忘食。见树木交萌，时鸟变声，亦复欢然有喜。常言五六月中，北窗下卧，遇凉风暂至，自谓是羲皇上人"。③

山川丘壑、花草林木，风云星月，鸟兽鱼虫，书画琴棋，都能

---

① 《世说新语·言语》第二，见《世说新语校笺》，中华书局1984年版，第81—89页。
② 《晋书》卷八〇《王羲之传》，中华书局1974年版，第2101页。
③ 陶渊明：《与子俨等疏》，《陶渊明集》，中华书局1979年版，第188页。

给人一种美、一种乐、一种欣慰、一种享受、一种画的意境、一种诗的情感,既然大地上有如此众多的美好,人世间有如此充分的享乐,为什么还要昂首青天作那种虚无缥缈的遨游呢?为什么还要结庐深山过那种禽生兽死的生活呢?还是抓住有限的人生,脚踏实地地立足于人间乐土之上尽情地享受吧!

困惑解除了,心情平静了,悲愤消失了。余下的是一种悠闲、恬淡、旷达和超然,名士的言谈举止,已失去了昔日的那种凄厉震耳、悲怆感人的格调和光彩。东晋名士虽然也吃药行散、饮酒玄谈,但已不是西晋名士的那种焦虑的宣泄、痛苦的思索,而是一种名士身份的点缀,贵族生活的消遣。故王恭言:"名士不必须奇才,但使常得无事,痛饮酒,熟读《离骚》,便可称名士"。①《世说新语·文学》云:

> 旧云:王丞相过江左,止道声无哀乐,养生,言尽意三理而已,然宛转关生,无所不入。

王导如此,其他名士又何尝不是如此,综观江左名士所谈玄论,除了支道林等人援佛入玄具有新意外(详见下章),其余诸如才性、有无、本末、体用等全是曹魏西晋旧义。因为当时名士已普遍接受"内圣外王"模式——《世说新语·文学》云:"《庄子·逍遥游》篇,旧是难处,诸名贤所可钻味,而不能拔理于郭、向之外"。——人们不需要再作新的寻求。所以,只要精读熟记前人旧理,便可进入名士的玄谈之列,以获得精神生活的消遣、享受。《世说新语·文学》云:

> 殷中军为庾公长史,下都、王丞相为之集,桓公、王长史、王蓝田、谢镇西并在。丞相自起解帐带麈尾,语殷曰:"身今

---

① 《世说新语·任诞》卷二十三,见《世说新语校笺》,中华书局1984年版,第410页。

日当与君共谈析理。"既共清言，遂达三更，丞相与殷共相往反，其余诸贤略无所关。既彼我相尽，丞相乃叹曰："向来语乃竟未知理源所归。至于辞喻不相负，正始之音，正当尔耳。"明旦，桓宣武语人曰："昨夜听殷、王清言，其佳，仁祖亦不寂寞，我亦时复造心，顾看两王掾，辄翣如生母狗馨"。

支道林、许掾诸人共在会稽王斋头，支为法师，许为都讲。支通一义，四坐莫不厌心，许送一难，众人莫不抃舞。但共嗟咏二家之美，不辨其理之所在①。

说明玄谈至东晋已徒有形式，只是名士生活中的一种高雅的精神游戏而已。所以《中国思想通史》言南渡名士的玄谈"理之所在可以不顾，而'谈中之谈'就代表了一切"②。陈寅恪亦云：东晋清谈"只为口中或纸上之玄言，已失去政治上之实际性质，仅作名士身份之装饰品者也"③。

陶渊明的诗虽然"篇篇有酒"④，但已写不出刘伶《酒德颂》那种慷慨傲慢的气势和惊世骇俗的言语；《桃花源》虽然也追求一种无君无乱的理想乐土，但已不是阮籍《大人先生传》的那种嫉世愤俗、焦灼冲动、傲视一切的悲歌长啸，而是一种诗情画意，恬静悠然，平淡冲和的遐想轻吟。

这一切都清楚地表明："内圣外王"的重建模式作为一种新的精神支柱已经发挥出它的巨大作用。不过，由于它本身还存在着一个重大的缺陷，所以时至东晋后期，一个更为完善的重建模式站出来取代了它的位置。

---

① 支、许所谈内容虽是佛经，但在讲谈形式上与玄谈无异，可见人们只是一种附庸风雅而已。
② 见侯外庐等主编《中国思想通史》第3卷，人民出版社1957年版，第82—83页。
③ 《陶渊明之思想与清谈之关系》，见《金明馆丛稿初编》，上海古籍出版社1980年版，第180页。
④ 萧统：《陶渊明集序》，《陶渊明集》，中华书局1970年版，第10页。

第四章　三教互补的理论模式

内圣外王模式的确立,协调了个体与社会的关系,人与人之间的关系也随之而趋于和谐,由此而消除了士大夫阶层长久以来迷惘困惑的心态。同时,旧的精神枷锁——天人感应神学早已瓦解,而新的精神枷锁——理学又远未出现,因此他们感到十分的轻松自由。另外加上门阀制度的推行,使他们具有较高的社会地位,较大的政治特权和较强厚的经济实力。高兴做官,便侧身庙堂作威作福,若不高兴做官,便纵情山水作濠上之游。社会对其极为宽容大度,故东晋名士特别热爱生活,眷恋人生。因此,人们便急切地期望沟通同神的联系,寻找一个较为理想的人生归宿。于是另一个长久困扰着人们心灵的焦虑——对死亡的恐惧便强烈地凸显出来了。《世说新语·文学》曰:

王孝伯在京,行散至其弟王睹户前,问:"古诗中何句为最?"睹思未答。孝伯咏"'所遇无故物,焉得不速老'。此句最佳"。

同书《雅量》曰:

阮遥集好屐,并恒自经营……或有诣阮,见自吹火蜡屐,因叹曰:"未知一生当著几量屐"。

同书《言语》曰:

谢太傅语王右军曰:"中年伤于哀乐,与亲友别,辄作数日恶。"王曰:"年在桑榆,自然至此,正赖丝竹陶泻,恒恐儿辈觉,损欣乐之趣。"

桓公北征,经金城,见前为琅邪时种柳,皆已十围,慨然曰:"木犹如此,人何以堪!"攀枝执条,泫然流泪。

王羲之《兰亭集序》云:

修短随化,终期于尽。古人云,死生亦大矣,岂不痛哉!①

对死亡的忧虑和哀叹,本是人类社会中一个长久不衰的主题。当人类还在童年之时,就已经朦胧地感受到死亡的威胁,并开始对此进行一些带有稚气的思考。后来,随着人类社会的进化发展,人们越来越强烈地感觉到死亡的狰狞可怖,由此而将此类思考逐步推向深入。

对于每个个体来说,死亡是一种无法亲身体验的神秘世界,是一个永恒的谜。但是,人们又的确时时刻刻都可以感受到它的威胁,更何况它还是任何人都无法超越的最终归宿。所以,就像无法逃避死亡一样,人们也无法回避对死亡的思考。由于死亡是对人们最本质、最有价值的东西——生命的彻底毁灭,赋予人们的是一种空无虚有的感受,故自古以来,死亡就成了人类共同的最大焦虑。于是,人们总是千方百计地予以稀释、淡化、消解,在不同的文化背景之下,设计出许许多多的排遣死亡焦虑的途径。

自亚当、夏娃因偷吃伊甸园中的智慧果而被上帝赶出天堂之后,西方人便开始了同大自然的分离与抗争。他们认为,在全知全能的上帝面前,任何人生来就是有罪的,只有通过对大自然的征服、改造,才能赎清自己的罪过而取得上帝的青睐,死后才能重返天堂,

---

① 《晋书》卷八〇《王羲之传》,中华书局1974年版,第2099页。

过那种无忧无虑，无生无死的美妙生活。他们将对上帝的依赖，对来世天堂的向往和追求视为人生最重要的事情，由此而淡化了诸如血缘、社会、群体等方面的关系。也就是说，对上帝的依赖，对来世天堂的向往和追求，是西方人用来摆脱死亡恐惧的唯一渠道。为了打通这一渠道，西方人付出了惨重的代价，这就是将一个庞大、神秘、变幻莫测的大自然放到了与自己相对立的位置上去了。如果没有一个万能的上帝来为他们撑腰壮胆，那么，在其强大的对手——大自然面前，人们就会变得孤独、渺小、自卑，就会失去对抗的勇气。所以我们常见到这样一种历史现象，在西方，许多卓越的自然科学家在他们面对着自然、宇宙之时，往往会自觉地运用唯物主义的思想方法来指导自己的科学探索，然而一旦面朝着十字架上的耶稣，腰板便不由自主地弯了下去，变成了虔诚的基督徒。

正因为西方人将来世天堂作为人生的唯一归宿，而上帝又是人们能否进入天堂的唯一审判者（即唯一的精神支柱），所以，当尼采呼喊"上帝死了"的时候，西方人便蓦然发现，一旦失去了上帝，个体便成了一种无家可归的孤独存在。而耸立在个体面前的社会、自然却又是那么的庞大、高深、复杂多变。于是，一种前所未有的渺小、孤独、自卑、脆弱之感禁不住油然而生，死亡恐惧也就格外强烈地凸现出来，逼迫着人们思考、正视着它的无法逃避的存在。于是，死亡的困扰便真正的成了西方哲学的源头。其中最典型的当然要数冠有"死亡哲学"头衔的海德格尔的存在主义哲学了。

海德格尔认为，"其它一切存在论所源出的基础存在论必须在对*此在*的生存论分析中来寻找"①。所谓"此在"，意即具体个人的真正的存在。这就是说，对具体个人真正的存在的分析是其他一切存在论的基础。而个体的存在又是扑朔迷离，千差万别的，怎样才能认清，把握住它呢？海德格尔说："本真生存的存在论上的机制，

---

① 《存在与时间》中译本，生活·读书·新知三联书店1987年版，第17页。

须待把先行到死亡中去之具体结构找出来了才能弄得明白。"① 这样一来,死亡便被高扬到本体论的地位,对死亡问题的分析、探讨也就成了认清、把握个体的真正的存在,建立一切基础存在论的先决条件。

死亡之所以被海德格尔高扬到本体论的位置,是因为他的哲学所要探讨的是一种极其孤独的个体。当西方人还沉醉在基督教的文明之中时,社会、自然、血缘、群体等关系都被淡化了,上帝成了唯一的精神支柱。人们深信,只要虔诚地讨好上帝,死后就可以进入妙不可言的天堂,死亡恐惧当然也就伴随着教堂里的肃穆钟声和优美动听的音乐而稀释淡化了。但是,现在上帝已经抛弃了他的亿万孩子撒手而去,天堂也随之化为乌有,人们不由自主地惊慌起来。唯一的精神支柱的崩溃,不仅将人们抛在一个苍茫无垠的旷野之上,使其成为一种孤独的存在,同时也将狰狞恐怖的死亡实实在在地交给了孤独的个体,使人们时时刻刻都感受到死亡的存在和威胁。当逃避死亡恐惧的最后一个避难所也被摧毁之后,死亡问题便不那么容易打发了。于是只好直面死亡,认真地思考着它的巨大存在。

尽管人生的旅程扑朔迷离,变幻莫测,但有一点却是肯定无疑的,这就是在其旅程的尽头,是无法超越的死亡。每个人从出生之日开始,实际上就在一天天向着死亡迈进。人生旅途中的种种存在或许是虚假的,但死亡却是一种真实的存在。故海德格尔认为,人们只有以死亡和虚无作为根本的背景,即"先行到死中去",才能阐明人生的哲学问题,才能把握有限人生的真正的存在(即此在)。他说:

> 死亡是此在的最本己的可能性。向这种可能性存在,就为此在开展出它的最本己的能在,而在这种能在中,一切都为的

---

① 《存在与时间》中译本,生活・读书・新知三联书店1987年版,第315页。

是此在的存在。在这种能在中，此在就可以看清楚，因此在它自己的这一别具一格的可能性中保持其为脱离了常人的，也就是说，能够先行着总是已经脱离常人的。领会这种"能够"，却才揭露出实际上已丧失在常人自己的日常生活中了的情况。①

这就是说，人们只有充分领会到死亡的威胁和必然，才能够意识到自我的独一无二、不可重复的价值，才能够从凡人琐事，从一种异化状态中解脱出来。从而积极地设计自我，对向着自己的死延伸过去的那些可能性进行自由的选择，以此来确定人生的价值和意义。死亡的困扰切切实实地成了哲学的源头和其他一切存在论的基础。

可以看出，海德格尔的存在主义哲学是一种毫无任何依托的孤独的个体面对着绝对真实的死亡而进行的沉思和挣扎。所以尽管他为摆脱死亡的困扰而从无法超越的死亡之中发掘出来一些人生的积极意义，但深入骨髓的却是无可奈何的悲哀。对死亡的恐惧和焦虑在存在主义的哲学中并没有得到有效的解决。

与西方文明大异，对于那些世世代代在黄土地上辛勤耕耘收获的东方儿女，由于没有基督教的背景，由于无神论和泛神论的冲击，中国没有出现西方那样的情形。当人们有上帝（神）、自然、类作为依托和后盾的时候，就不可能成为一个真正意义上的孤独的存在，而非孤独的存在对死亡的感受是不会十分深刻的。正是在这种文化背景之下，使中国人具有多种摆脱死亡焦虑的途径，其理论主要集中在儒道二家。

儒家是一种注重现实，强调社会功能的学派，其排除死亡焦虑的理论也充分体现了这一学派特色。具体说来有二：一是将原始宗教中的生殖崇拜和祖先崇拜转化成为学术思想——"孝"②，以此为

---

① 《存在与时间》中译本，生活·读书·新知三联书店1987年版，第315页。
② 参见《周予同经学史论著选集·"孝"与"生殖器崇拜"》，上海人民出版社1983年版，第70页。

具有中国色彩的宗法制度的巩固和发展提供了理论依据。在这种思想的指导下,一方面是祖先遭到神化,祭祀祖先成为上至国君、下至庶民的头等大事(所谓"国之大事,在祀与戎")。一方面是生育子女成了每个人必须承担的神圣职责(所谓"不孝有三,无后为大")。这样一来,便取消了个体的独立性。"毛发肌肤,受之父母",任何个体都不是纯自我的,而是祖先生命的延续。二是任何个体也不会因其生命的终结而彻底消亡,因为在子孙的身上又流淌着这一个体的血液。诚如《列子·汤问》中愚公所言:"虽我之死,有子存焉,子又生孙,孙又生子;子又有子,子又有孙;子子孙孙,无穷匮也。"这种死亡观是个体与类的统一,就个体来说,生命终究有结束的到来,但从人类的角度看,任何个体都是人类的绵延不断链条中的一环,所以又是不朽的、永存的。在庞大而又永恒的人类面前,咄咄逼人的死亡恐惧便失去了它进攻的威力。

然而,魏晋时期是一个人的觉醒的时代,汉末以来的庞大死亡,促使人们将个体的存在与类的存在区分开来,并将人们的目光引向对个体生命的关注之上。《古诗十九首》云:"人生寄一世,奄忽若飘尘。""人生忽如寄,寿无金石固。""出郭门直视,但见丘与坟。"这是觉醒之后的个体对人生的关注和哀叹,对死亡的畏惧和焦虑。《列子·杨朱篇》云:

> 杨朱曰:"百年,寿之大齐。得百年者千无一焉。设有一者,孩抱以逮昏老,几居其半矣。夜眠之所弭,昼觉之所遗,又几居其半矣。痛疾哀苦,亡失忧惧,又几居其半矣。量十数年之中,逌然而自得亡介焉之虑者,亦亡一时之中尔。"

溢于字里行间的,同样是觉醒了的人对个体生命的深切关注和思考。总之,魏晋时期的人已从类的永恒中跳了出来,作为一种独立的存在来思考人生的意义,人生的价值,人生的此刻性。所以,传统的以类的强大、永恒来抗击、消遣死亡恐惧的方法已失去了效用。

　　出于协调、和谐个体与群体，个人与社会关系的目的，儒家为排除死亡焦虑所设计的第二途径是对名的礼赞和高扬，鼓励人们在现实社会中建功立业，将有限的生命融合到无限的群体之中去，以此来确立个体生命的价值和意义，这就是所谓的"太上立德，其次立功，其次立言"三不朽之说。意思是，作为肉体的存在，任何人都不免一死，但如果将这有限的生命通过立德、立功、立言而转化、凝固成为一个永垂不朽的英名，便可世世传唱，虽死犹生。但是，这种以功名利禄诱导人们于现实社会中寻找人生归宿的方法，对于天人感应神学已经崩溃、社会长期动荡不安的魏晋人来说，同样失去了功效。《抱朴子》内篇卷一九《遐览》云：

> 或曰："鄙人面墙，拘系儒教，独知有五经三史百氏之言，及浮华之诗赋，无益之短文，尽思守此，既有年矣。既生值多难之运，乱靡有定，干戈戚扬，艺文不贵，徒消工夫，苦意极思，攻微索隐，竟不能禄在其中，免此堑亩；又有损于精思，无益于年命。二毛告暮，素志衰颓，正欲反迷，以寻生道，仓促罔极，无所趋向。若涉大川，不知攸济？"

　　道家关于死亡的理论主要集中在庄子的思想中。与儒家学说的主张迥然不同，庄子不仅不主张到类、社会、群体之中去寻找生命的价值和人生的归宿，反而认为类、社会、名利、群体等都是异化、奴役人的东西，如果为它们而生活，个体就会被异化，个体的生命就会被残害，个体的自然、本性也会遭到损伤。《庄子·骈拇》曰：

> 故尝试论之，自三代以下者，天下莫不以物易其性矣。小人则以身殉利，士则以身殉名，大夫则以身殉家，圣人则以身殉天下。故此数子者，事业不同，名声异号，其于伤性以身为

殉，一也。

所以，庄子强烈地抗议"人为物役"，攻击社会的发展和技术的进步，要求否定、舍弃一切文明和文化，退回到无知无识，愚昧混沌的原始状态中去，以此来恢复人的"本性"。正是在反对社会、类、名利、技术等对人的异化这一点上，庄子的哲学与西方的存在主义哲学有所相似，所以学术界有人将庄子的哲学称作古代中国的存在主义。但实质上，庄子思想与西方的存在主义哲学是有巨大差异的，其中最突出的一点是，西方人于上帝死后，没有任何支柱和依托，人成了赤裸裸的个体，成了真正意义上的孤独的存在。他们必须直面死亡并承担起死的全部，所以对死的感受极为深刻，于是便将死亡问题提高到本体论的位置，作为思考人生的基点。庄子则不然，尽管他所追求、塑造、树立、高扬的是一种摆脱了异化的"真我"，是一种个体的独立存在的理想人格，但是，庄子思想中的个体并不是真正意义上的个体，即不是一种孤独的存在。因为它"与万物合一"，有一个庞大的自然来作为支柱和后盾。所以，与现代存在主义相比较，庄子对死亡的感受和对死亡问题的探讨就显得肤浅多了，庞大而又永恒的自然帮他淡化了死亡的焦虑，故在死亡问题上，庄子思想显得轻松豁达，大有视死如归的气概。换言之，庄子是以与大自然的沟通融合来作为排除死亡恐惧的途径的。"天地与我并生，而万物与我为一"。① 在庄子看来，人并不是一个独立的类，而是同世间的山水草木一样，都是大自然的一个分子。"夫大块载我以形，劳我以生，佚我以老，息我以死。""死生，命也，其有夜旦之常，天也。人之有所不得与，皆物之情也"②。人之有生死，如同时间之有昼夜，都是本身固有的变化。这种变化，来自然的作用，人是不能参与其间的。所以，人应该同山水草木一样，生

---

① 《庄子·齐物论》，见《庄子集释》，中华书局1961年版，第79页。
② 《庄子·大宗师》，见《庄子集释》，中华书局1961年版，第241页。

死顺从自然。"适来，夫子时也，适去，夫子顺也。"人们来自自然，又回归自然，生死都在自然之中。"以无为首，以生为脊，以死为尻。"① 生与死虽然其表现形式不同，但同为一体，所以大可不必去斤斤计较个体的生生死死。庄子认为，人们之所以悦生恶死，是因为无法了解死后的情状。正因为如此，所以也就没有理由悦生恶死。他举了这样一个例子：

> 丽之姬，艾封人之子也。晋国之始得之也，涕泣沾襟，及其至于王所，与王同筐床，食刍豢，而后悔其泣也。予恶乎知夫死者不悔其始之蕲生乎！②

既然如此，人们又何苦去为死亡问题花费心思呢？何不仿效"真人"忘却生死：

> 古之真人，不知说生，不知恶死；其出不欣，其入不距，翛然而往，翛然而来而已矣。不忘其所始，不求其所终；受而喜之，忘而复之，是之谓不以心捐道，不以人助天。③

只要忘却了生死，"假于异物，托于同体，忘其胆肝，遗其耳目"，便可"芒然仿徨乎尘垢之外，逍遥乎无为之业"④。在精神王国之中无拘无束地奔驰遨游。

庄子的这种与大自然相沟通，进而齐生死，一天寿的死亡观被内圣外王的建构者——郭象所承袭，他在《庄子注》中就曾反复论说了庄子的这种死亡观：

---

① 《庄子·养生主》，见《庄子集释》，中华书局1961年版，第128页。
② 《庄子·齐物论》，中华书局1961年版，第103页。
③ 《庄子·大宗师》，中华书局1961年版，第229页。
④ 同上书，第268页。

体夫极数之妙心，故能无物而不同，无物而不同，则死生变化，无往而非我矣。故生为我时，死为我顺；时为我聚，顺为我散。聚散虽异，而我皆我之，则生故我耳，未始有得；死亦我也，未始有丧。夫死生之变，犹以为一，既睹其一，则蜕然无系，玄同彼我，以死生为寤寐，以形骸为逆旅，去生如脱屣，断足如遗土，吾未见足以缨茀其心也。①

夫死生之变，犹春秋冬夏四时行耳。故死生之状虽异，其余各安所遇，一也。今生者方自谓生为生，而死者方自谓生为死，则无生矣。生者方自谓死为死，而死者方自谓死为生，则无死矣。无生无死，无可无不可，故儒墨之辨，吾所不能同也；至于各冥其分，吾所不能异也。②

尽管郭象将道家"齐生死"的观点发挥得淋漓尽致，说得天花乱坠，但同样无法遮掩住生就是生、死就是死这一显而易见的客观存在。故王羲之曰："固知一死生为虚诞，齐彭殇为妄作。"③ 郭象在死亡理论上的贫乏苍白，给内圣外王模式造成了一个重大的理论缺陷，而在消除了人与社会的对抗从而淡化了生命恐惧之后的东晋时代，这一理论缺陷便逐渐凸显出来。人们为了沟通同神的联系，寻找人生的归宿，纷纷超出内圣外王理论模式的范围，皈依到宗教之中去求得解脱。

据陈寅恪于《天师道与滨海地域之关系》④ 一文中考证，六朝信奉道教的世家甚多。而其中的大多数如吴郡杜氏、会稽孔氏、义兴周氏、丹阳葛氏、东海鲍氏信奉道教都始于东晋。琅邪王氏信奉道教的历史虽早，但其活动高峰当在东晋。高平郗氏和陈郡殷氏于东晋前便信奉道教则只是寅恪先生的一种推测，而史有明载的亦是

---

① 《庄子》内篇《德充符》注，见《庄子集释》，中华书局1961年版，第192页。
② 《庄子》内篇《齐物论》注，见《庄子集释》，中华书局1961年版，第67页。
③ 《晋书》卷八〇《王羲之传》，中华书局1974年版，第2099页。
④ 载陈寅恪《金明馆丛稿初编》，上海古籍出版社1980年版。

生活于东晋的郄愔、殷仲堪等人。余下的丹阳许氏、陶氏、吴兴沈氏等始兴于南北朝，是三教互补模式确立之后道教发展的产物。其著又言："六朝人最重家讳，而'之'、'道'等字则在不避之列，所以然之故虽不能详知，要是与宗教信仰有关。"这里的"宗教信仰"即指对道教的信仰。而稽之史籍，广泛以"之""道"命名的风气亦始于东晋。由此可见，东晋士人之中多有道教之信徒。同时，皈依佛门的也不乏其人：王恭"尤信佛道，调役百姓，修营佛寺，务在壮丽，士庶怨磋。临刑，犹诵佛经，自理须鬓，神无惧容"①。周嵩"精于事佛，临刑犹于市诵经云"②。"何次道往瓦官寺礼拜甚勤，阮思旷语之曰：'卿志大宇宙，勇迈终古'。何曰：'卿今日何故忽见推？'阮曰：'我图数千户郡，尚不能得；卿乃图作佛，不亦大乎'？"③而这位讥笑何充的阮裕又何曾未与佛门发生过关系，《世说新语·尤悔》曰："阮思旷奉大法，敬言甚至。大儿年未弱冠，忽被笃疾。儿既是偏所爱重，为之祈请三宝，昼夜不懈。谓至诚有感者，必当蒙祐，而儿遂不济。于是结恨释氏，宿命都除"。至于殷浩、孙绰、刘遗民诸人深钻佛理，弘大佛法，其层次又当在王恭等人之上。

东晋文人名士的纷纷皈依道观佛门，促进了道、佛二教的泛滥，进而产生出三教互补的理论模式。

上编已言，由于东汉安顺帝以下自然灾异频繁，社会秩序混乱，人们为了应付死亡、瘟疫、饥荒、水旱、战乱等关系生存的重大问题，由此产生了太平教和五斗米教等简单粗糙的原始道教。曹魏西晋，人同社会的关系问题始终处于主导地位，人们所思考的主要是生命恐惧，死亡恐惧被置于次要位置，所以人们热衷于无有本末、自然名教等问题的争辩玄谈，道教的思想虽不断如缕，但始终没有能引起社会的注重。至东晋，人与社会取得了和谐统一，生命恐惧

---

① 《晋书》卷八四《王恭传》，中华书局1974年版，第2186页。
② 《晋书》卷六一《周嵩传》，第1662页。
③ 《世说新语·排调》第二十五，第428页。

自然也就解除了。人们眷念人生，希望长命百岁、羽化登仙，于是道教思想泛起并结束了它们的原始面貌，一部体系完整的道教经典——葛洪的《抱朴子》终于应运而生。

道教是在中国本土产生的宗教，所以它必然地要同本民族的传统文化发生密切的联系。在很大程度上，可以说道教是借助于道家的理论建立起来的，如葛洪关于宇宙本体的理论，就直接来源于道家，只不过是从宗教的角度作了一些手脚而已。同道家一样，葛洪也将"玄""道""一"作为宇宙的本体，其《抱朴子》内篇开篇即曰：

> 玄者，自然之始祖，而万殊之大宗也。……胞胎元一，范铸两仪，吐纳大始，鼓冶亿类，回旋四七，匠成草昧，辔策灵机，吹嘘四气，幽括冲默，舒阐粲尉，抑浊扬清，斟酌河渭，增之不溢，与之不荣，夺之不瘠。

与"玄"相类似的还有一个"道"，《抱朴子内篇·道意》曰：

> 道者涵乾括坤，其本无名。……为声之声，为响之响，为形之形，为影之影。方者得之静，员者得之而动，降者得之而俯，昇者得之以仰。

而这个"涵乾括坤"的"道"，则又"起于一"。至于"一"，按照葛洪的说法，"有姓字服色，男长九分，女长六分，或在脐下二寸四分下丹田中，或在心下绛宫金阙中丹田也，或在人两眉间"[1]。不仅如此，"一"还有居处，即北极大渊之中，"前有明堂，后有绛宫，魏巍华盖，金楼穹隆"[2]，"龙虎列为，神人在旁"[3]。道

---

[1] 《抱朴子内篇》卷一八《地真》，中华书局1986年版，第323页。
[2] 同上书，第324页。
[3] 同上。

家的无神理论经过葛洪的一番改造，被注进了神的灵性，使本来就有点"玄而又玄"的学说变得更加神秘兮兮的了。道家的空虚缥缈的"无"，在葛洪手中也就变成了道教的无所不在的"有"。

清静无为，抱朴守真，逍遥神游，本是道家鼓吹的精神境界和生活情趣，葛洪于《抱朴子》内篇中将其搬运过来，加上了驱祸得福，养生成仙的新内容。《道意》曰：

> 人能淡默恬愉，不染不移，养其心以无欲，颐其神以粹素，扫涤诱慕，收之以正，除难求之思，遣害真之累，薄喜怒之邪，灭爱恶之端，则不请福而福来，不禳祸而祸去矣。

《论仙》曰：

> 学仙之法，欲得恬愉澹泊，涤除嗜欲，内视反听，尸居无心。

虽然葛洪在道家的酒壶中掺进一些自己酿造的新酒，但道教与道家的密切联系却是十分明显的。

也正因为道教产生于中华的土地之上，所以在它的教义中也就不可避免地蕴含着十分丰富的本民族的文化心理因素。

中国人历来注重现实的人生，故葛洪反对形神分离，舍身涅槃，也不主张人们抛弃现实去追求虚无缥缈的彼岸天国，而是倡导人们立足于现实世界，追求生命的长度，尽情地享受人生的欢乐。至于如何摆脱死亡的恐惧，求得长生不死，葛洪提供给人们的主要途径是服药行气，而在服药与行气二者之中，他更强调行气延年的作用。《抱朴子》内篇卷五《至理》曰：

> 服药虽为长生之本，若能兼行气者，其益甚速，若不能得药，但行气而尽其理者，亦得数百岁。然又宜知房中之术，所

以尔者，不知阴阳之术，屡为劳损，则行气难得力也。夫人在气中，气在人中，自天地至于万物，无不须气以生者也。善行气者，内以养身，外以却恶，然百姓日用而不知焉。

葛洪之所以强调行气，是因为服药炼丹，其资金之耗非一般人所能承受，而行气则不受任何条件的限制，人人可为。如此一来，即便是寻常百姓，只要你愿意投入道教的怀抱，都可延年益寿，长盛不衰。

"饮食男女、人之大欲存焉"。这是国人另一重要民族文化心理。故道教不仅不禁欲，反而教人以房中御女之术，并将其作用加以夸张拔高，以广招来。《抱朴子》内篇卷六《微旨》云：

抱朴子曰："……夫阴阳之术，高可以治小疾，次可以免虚耗而已。其理自有极，安能致神仙而却祸致福乎？人不可以阴阳不交，坐致疾患。若欲纵情恣，不能节宣，则伐年命。善其术者，则能却走马以补脑，还阴丹于朱肠，采玉液于金池，引三五于华梁，令人老有美色，终其所禀之天年。"

正由于道教所鼓吹的是立足于现实社会之中来尽情地享受人生，因此也就特别地强调现实社会的统治秩序，行为规范，强调人同社会的统一和谐。于是儒家学说便成了它密不可分的伙伴。所以葛洪在建构道教理论体系之时，同样注重儒家学说的合理存在，他将所著《抱朴子》分为内外篇，"其内篇言神仙、方药、鬼怪、变化、养生、延年、禳邪、却祸之事，属道家（实属道教）；其外篇言人间得失，世事臧否，属儒家"[1]。不过，葛洪这样做的目的不仅仅在于使道教的生存和发展有一个良好的环境，更重要的是企图建立一个儒道互补的理论模式来作为当时社会的精神支柱，所以他十分强

---

[1] 《抱朴子外篇》卷五〇《自叙》，中华书局1997年版，第698页。

调儒家的礼法：

> 盖人之有礼，犹鱼之有水矣。鱼之失水，虽暂假息，然枯糜可必待也。人之弃礼，虽犹腼然，而祸败之阶也。①
> 夫不忠不孝，罪之大恶，积千金之赂，太牢之馔，求令名于明主，释怨责于邦家，以人释人，犹不可得，况年寿难获于令名，笃疾难除于怨责，鬼神异伦，正直是与，冀其曲祐，未之有也。夫惭德之主，忍垢之臣，犹能赏善不须贷财，罚恶不任私情，必将修绳履墨，不偏不党，岂况鬼神，过此之远，不可以巧言动，不可以饰赂求，断可识矣。②

也正因为葛洪要建立的是一种儒道互补模式，所以他不遗余力地抨击汉末以来违背名教的言论和行为，他《正郭》《诘鲍》，痛骂违犯名教的行为是"左衽之所为，非诸夏之快事也"。③ 外篇卷二七《刺骄》云：

> 抱朴子曰：闻之汉末，诸无行，自相品藻次第，群骄慢傲，不入道检者，为都魁雄伯，四通八达。皆背叛礼教，而从肆邪僻，讪毁真正，中伤非党，口习丑言，身行弊事。凡所云为，使人不忍论也。夫古人所谓通达者，谓通于道德，达于仁义耳，岂谓通亵乎默，而达于淫邪哉！

同样因为葛洪所要建立的是儒道互补理论模式，所以即便他本人辞官隐居深山炼丹著书，但却鼓励他人入世干进求禄，走内圣外王之道：

---

① 《抱朴子外篇》卷二六《讥惑》，中华书局1997年版，第7页。
② 《抱朴子内篇》卷九《道意》，中华书局1997年版，第171页。
③ 《抱朴子外篇》卷二七《刺骄》，中华书局1997年版，第29页。

古人多得道而匡世，修之于朝隐，盖有余力故也。何必修于山林，尽废生民之事，然后乃成乎？①

君臣之大，次于天地，思乐有道，出处一情，隐显任时，言亦何系？大人君子，与事变通。②

葛洪所建构的儒道互补理论模式既保留了内圣外王模式的全部理论，又增添了关于沟通人神关系、摆脱死亡恐惧的新内容，填补了内圣外王模式的理论缺陷。如此一来，人的生命恐惧和死亡恐惧似乎全都解决了，其实不然，因为道教所设计的解除死亡恐惧的途径是长生延年的羽化登仙，而长生延年的终结毕竟还是死，所以死亡恐惧不可能完全消除；而羽化登仙不仅一般人难以支付炼丹之耗费，更重要的是验之实践从未见过有人得道升天，即便像秦始皇、汉武帝这种身居九五之尊，耗费无数人力财力寻仙求道之人，最终也难免命归黄泉。因此，人们自然很难相信其理论的真实性，同样不能解决死亡恐惧问题。所以说，道教关于死亡的理论只能说比儒道二家丰富，能使人们对死亡的恐惧心理趋向淡化，但却无法全部消除。这样一来，就为佛教在中华土地上的生存和发展留下了可乘之机。

佛教自西汉末年便开始传入我国，然由于它的许多教义与华夏民族固有文化心理对抗太烈，所以直至东晋初，佛教虽然不绝如缕且有所发展，但这种缓慢的发展基本上是依附在华夏固有文化的身上求得的。"汉代佛教，附庸方术，魏晋释子，雅尚《老》《庄》"。③ 作为一种独立的宗教，佛学一直没有在人们的生活中产生多大影响。而时至东晋下半叶，不仅士大夫与僧人的交往猛增，且佛教思想亦逐渐深入人心，这除了前面已言的当时名士多皈依佛门这一现象可以为证之外，《世说新语》的另一则记载亦可予以说明。

---

① 《抱朴子内篇》卷八《释滞》，中华书局1986年版，第148页。
② 《抱朴子外篇》卷四二《应嘲》，中华书局1997年版，第409页。
③ 汤用彤：《汉魏两晋南北朝佛教史》，中华书局1963年版，第57页。

《文学》云：

> 《庄子·逍遥》篇，旧是难处，诸名贤所可钻味，而不能拔理于郭、向之外。支道林在白马寺中，将冯太常共语因及《逍遥》。支卓然标新理于二家之表，立异议于众贤之外，皆是诸名贤寻味之所不得。后遂用支理。

关于支道林的"新理"，其注作有详细引载：

> 支氏《逍遥论》曰："夫逍遥者，明至人之心也。庄生建言人道，而寄指鹏鷃。鹏以营生之路旷，故失造于体外，鷃以在近而笑远，有矜伐于心内。至人乘天正而高兴，游无穷于放浪。物物而不物于物，则遥然不我得；玄感不为，不疾而速，则逍然靡不适。此所以为逍遥也。若夫有欲，当其所足，足于所足，快然有似天真，犹饥者一饱，渴者一盈，岂忘烝尝于糗粮，绝觞爵于醪醴哉？苟非至足，岂所以逍遥乎？"

郭、向《逍遥游注》旨在宣扬内圣外王之道，劝诫人们一切任其自然，随遇而安；而支之"新理"则是以佛教的空观来重释"逍遥"之义，鼓吹一种"物物而不物于物"的空观境界。而东晋名士弃郭、向义而"用支理"，说明佛学思想已为他们所接受。同时，僧慧远等人亦于庐山弘大佛学教义，使其逐渐摆脱"雅尚《老》《庄》"的依附地位而得以独立发展。这些变化都是东晋后期出现的新气象，它固然与学术发展的内部规律有关，但更为直接的原因恐怕还在于此时士大夫由生命恐惧转向死亡恐惧而又于传统文化中难以寻找到摆脱死亡恐惧的途径，也就是说，是当时的社会环境为佛教的迅速发展提供了良好的条件。反过来，佛教在华夏土地上的蔓延发展，又为国人在死亡理论方面的发展，起了积极的推动作用，由此诞生了张湛的儒佛互补理论模式。

人生如梦，虚幻不实这一心理早在天人感应神学理论崩溃之后的动荡岁月里便在社会上蔓延流行，西晋所撰之伪《列子》中曾有充分的反映。《周穆王篇》云：

> 老成子学幻于尹文先生，三年不告。老成子请其过而求退。尹文先生揖而进之于室。屏左右而与之言曰："昔老聃之徂西也，顾而告予曰：有生之气，有形之状，尽幻也。造化之所始，阴阳之所变者，谓之生，谓之死。穷数达变，因形移易者，谓之化，谓之幻。造物者其巧妙，其功深，固难穷难终。因形者其巧显，其功浅，故随起随灭。知幻化之不异生死也，始可与学幻矣，吾与汝亦幻也，奚须学哉？"

这只不过是人生主观感受的一种客观描摹而已，伪《列子》的作者并未就此作深入的探索。至东晋后期张湛注《列子》，便援引佛教理论对此加以阐发，从而解决人生的归宿这一重大问题。张湛《列子注序》云：

> 其书大略明群有以至虚为宗，万品以终灭为验；神惠以凝寂常全，想念以著物自丧；生觉与化梦等情，巨细不限一域；穷达无假智力，治身贵于肆任；顺性则所之皆造，水火可蹈，忘怀则无幽不照。此其旨也。然所明往往与佛经相参，大归同于老庄。

汤一介对其"群有以至虚为宗，万品以终灭为验"这一命题有如下解释：

> 为什么"群有"要以"至虚"为"宗"，就是要肯定在现实之外有一超现实的绝对存在，以便使"超生死，得解脱"成为可能。"万品"既然必定"终灭"，那么人们又何以能够得到解脱呢？照张湛看，"万品"虽有聚散、生灭，而构成万物元

气则无生灭，如果人能明了生死气化而终归之于太虚，则得与太虚为一体而永存。①

汤一介的解释确有见地，我们可以通过《列子注》本身去证实这一见解的准确性。《天瑞注》云：

夫尽于一形者，皆随代谢而迁革矣，故生者必有终，而生生者无变化也。

生生物者不生，形形物者无形，故能生形万物，于我体无变。

《周穆王注》云：

夫禀生受有谓之形，俛仰变异谓之化。神之所交谓之梦，形之所接谓之觉。原其极也，同归虚伪。何者？生质根滞，百年乃终；化情枝浅，视瞬而灭。神道恍惚，若存若亡；形理显著，若诚若实。故洞监知生灭之理均，觉梦之涂一；虽万变交陈，未关神虑。愚惑者以显昧为成验迟速而致疑，故窃然而自私，以形骸为真宅。孰识生化之本归之于无物哉？

放弃对死生现象的执着而返璞归真，与永恒不变的"至虚"融为一体，以此来求得人生的归宿，这就是张湛援用佛教理论而设计出的生死解脱之道。然这一解脱之道对于注重人生享乐的国人来说并不十分受欢迎，因此佛教中另一吻合国人心理的生死解脱之道——轮回思想便在张湛的《列子注》中构成了另一重要内容。

轮回之说，本佛教一重要之教义，但在《列子》一书中亦有所反映：

---

① 汤一介：《郭象与魏晋玄学》，湖北人民出版社 1983 年版，第 80 页。

子贡曰:"寿者人之情,死者人之恶。子以死为乐,何也?"林类曰:"死之与生,一往一反。故死于是者,安知不生于彼?故吾知其不相若矣。吾又安知营营而求生非惑乎?亦又安知吾今之死不愈昔之生乎?"①

张湛注云:

寻此旨则存亡往复无穷已也。

《列子》此语,是否受佛理之影响而言,尚难断定,但张湛之注,却明显的是在以佛理作指导,如下之语可以为证:

生物而不自生者也,化物而不自化者也。不生者,固生物之宗,不化者,固化物之主。生者非能而生,化者非能化而也,直自不得不生、不得不化者也……生化相因,存亡复往,理无间也。②

这就是说在生生化化的背后,有一不生不化的宗主,由它来主持"存亡复往",生死轮回。这样一来,人们便可在这不生不化,永恒存在的宗主的操纵之下无休止地轮回人间享受生命的欢乐。人们终于找到了一个比较满意的人生归宿,死亡恐惧也就自然地变得淡薄。故刘宋以降,自汉末以来弥漫风行的对人生的悲吟哀叹便日趋减少了。

张湛的《列子注》虽然重在以佛理作指导来求得生死解脱之道,但同葛洪一样,他也十分强调儒家学说的合理和重要,其《仲尼注》云:

---

① 《列子》卷一《天瑞》,中华书局1979年版,第25页。
② 同上书,第2页。

治世之术实须仁义。

唯弃礼乐之失，不弃礼乐之用，礼乐故不可弃。

若欲捐《诗》《书》、易治术者，岂救弊之道？既而不去，为而不恃，物自全矣。

在张湛看来，治世安民，维护社会的稳定秩序，儒家学说仍是必不可少的。所以说尽管张湛在这方面的论述没有葛洪那么丰富，但建构一种儒佛互补理论模式的企图还是比较明显易见的。

葛洪、张湛从各自的信仰角度分别提出了儒道互补和儒佛互补两种重建模式，然而当时社会所接受的既不是儒道互补模式，也不是儒佛互补模式而是二者的综合——儒道佛三教互补模式。

这里需要指出的是，迄今为止，学术界仍有人将儒家学说列入宗教的范畴，但从严格意义上讲，儒学并不是宗教，而是我国古代社会里既反映了统治阶级的意志，同时又充满着民族理性的传统思想。所以，"三教互补模式"并不是三种不同宗教文化的相互依赖补充的共同存在，而是世俗精神与宗教文化的携手并肩、平起平坐。

问题出来了，按理讲，魏晋时期社会混乱，灾祸迭起，生死无常，应是宗教文化蓬勃发展的大好时机，而道、佛二教的发展此时也的确是来了次巨大的飞跃，但是，最终佛、道二教都没有能像基督教、伊斯兰教那样发展成为一个独立的文化体系而独霸精神领域，而是反过来向因天人感应神学的崩溃而遭到空前抨击的儒家学说讨好让步，公认它的合理存在。这是为什么呢？也就是说，历史为什么要选择儒、道、佛三教互补这一理论模式作为新的精神支柱？三教互补为何能够成为一种合理的存在？我认为，这个问题大概与国人的传统理性有着密切的关系。

我们都清楚地知道：我国是一个历史悠久的内陆型农业大国，自然界的变化对于人们的生产生活起着极其重要的作用。所以，先民们在长久的农业生产劳动中逐渐养成了依赖自然、观察自然、掌握自然规律而用之的习惯。《周易·系辞》曰：

> 古者庖牺氏之王天下也，仰则观象于天，俯则观法于地，观鸟兽之文与地之宜，近取诸身，远取诸物，于是作八卦，以通神明之德，以类万物之情。

这里归纳出来的，实际上就是中国人认识、解释世界的特有方式。换言之，肯定感觉，注重经验，这便是先民们在长久的农业生产劳动中所形成的中国式的思维模式。正是在这种思维模式的指导下，中国人养成了崇尚天地自然，高扬人的作用，肯定现实人生等传统理性，对于诸如来世、鬼神、死亡等感觉、经验之外的东西，国人们就不太感兴趣了。

南朝梁代的僧佑于《弘明集后序》中曰："详检俗教，并宪章五经，所尊唯天，所法唯圣，然莫测天形，莫窥圣心。虽敬而信之，犹矇矇弗了。"此言虽是论战之语，不免带有感情的成分，但细细想来，却也具有相当的道理。国人"所尊唯天"，主要是尊崇天的自然功能，即能够观察、感觉得到的天，如日月之食，星辰之移，四时之变，风雨之化，等等。所以中国古代对日月星辰的变异及其规律的观察十分的详细，由此而带来了数学的发达、农时季节的完备和浑天仪的精密，等等。但对于感觉、经验之外的天，先民们似乎不太深究（即所谓"莫测天形"）。不像西方人，于感觉、经验之外凭空塑造一个来世天堂、万能的上帝。此外，先民们还观察发现，生存于大地上的万物之中，唯有人能够认识、掌握自然规律而予以利用，所以人本身得到了充分的肯定和高扬。《易传》曰："天行健，君子以自强不息""人与天地参"等等，都是先民们对人的高度礼赞。所以，他们一方面极力推崇天，强调天的作用，一方面又鼓吹人可以"制天命而用之"。二者看似矛盾，实际上相辅相成，同出于一种思维定式。这里应作一说明，即便是所谓的"制天命而用之"，也只不过是说人可以认识自然，掌握自然的功能而予以利用而已。并非像西方人那样,将自然放在与人对立的位置上,依靠人的力量去改造、去征服。相反,中国人同天(即宇宙、自然)的关系,始终处于一种"天人合一"的和谐状态。人们将自己置于大自然的怀抱,享受它的恩赐、抚爱,同时又向它倾吐生的烦恼,排遣死的焦虑。正因为天人合一,人们有一个庞大永恒的宇宙自然作为自己的依靠和后盾,所以,中国人没有西方人那种深刻的孤独感,因此也就不必凭空塑造一个无法感觉、经验的上帝、天国来作为自己的支柱和归宿。

当人们没有一个虚幻的未来天国作为向往追求的目标时,眼光必然会关注于实实在在的现实人生。而对现实人生的关注又必然导致对社会秩序规范的肯定,王权思想、圣人所言的治国安民之策及伦理准则也就成了必不可少的东西。于是,圣人们所建立的儒家学说就有了它存在的理由。

正因为国人们执着于现实人生,故对于虚无缥缈的来世天国并不十分的关注,对于那种不可感觉、超越现实的主宰——神,也不予以特别的顶礼膜拜,只不过"祭神如神在"而已,人格化的神对于国人的生活并不产生太大的影响。国人所言之神,在大多数场合,并不是指凭空塑造的人格神,而是指能够感觉得到的"心"的产物——"精神",指一种理想自由的人格。庄子中的"至人""真人""神人",阮籍的"大人先生",嵇康所养的"神"等等,指的就是这样一种神,是个体为了维护独立的人格而执着追求的一种意境。

精神意境的追求是一种主观上的神人合一的神秘体验,任何人只要经过自己的修养努力都可以实现。它不受环境、时空的影响,也不需要经过任何中介(如教会、神职人员等)的联系,更不需要出世做终生的刻意修行,与现实的建功立业,侧身庙堂之上并不发生矛盾。这就是郭象建立"内圣外王模式"的历史根源。同时,精神意境的追求又是一种个体的内心体验,这种神人合一的境界往往是瞬间即得,难以用言语描绘得清楚的,所以国人们历来强调心的作用，强调言不尽意，强调个体的修身养性，强调顿悟。

这种对精神意境的执着追求，对宗教的发展也产生了很大的影响，道教之所以以道家的理论为依托，很大程度上就取决于此。所以，儒、道、佛三教互补中的"道"中，实际上已包括了道家的内容。佛教的发展也是如此，如晋宋之际的僧肇就是将对精神意境的追求与佛教的理论结合起来，建立了"不真空"的宗教理论。这个理论不甚关注外在鬼神的作用，也不鼓吹人们脱离现实社会去追寻西方极乐世界，而是强调、张扬个体的主观领悟和精神王国中的信马由缰。随后，另一佛学思想家——竺道生对此予以丰富发展，彻底否定西方极乐世界，明言佛身是一无形象的神秘的精神本体，不管什么人，只要清心无欲，不为世俗所累，便可以（也只能）于现实社会之中立地成佛，进入涅槃境地，这个涅槃境地就是"悟"，就是一种神人合一的精神意境。而这种具有神秘色彩的主观领悟往往是一种难以言状、瞬间即得的感受，于是竺道生首创"顿悟"成佛之说。僧肇、竺道生的这种将对来世的向往转化成为现实的追求，将消极被动的忍耐修行转化成为积极主动的精神享受，将难以感觉，无法经验的鬼神世界转化成为可以领悟的精神世界的思想发展到唐代，诞生了禅宗，印度佛教遂完全被中国化了。在其中国化的过程中，民族的传统理性发挥了巨大的作用。可以这样说，正是凭借着这种民族的传统理性，才迫使道、佛二教不得不向儒家思想做出妥协让步，扼制了宗教势力的扩张，使其未能发展成为一种独霸精神领域的文化体系。

传统理性虽然能够扼制住宗教势力的扩张，但是，一旦宗教于中华土地上成为一种客观的存在，传统理性也不可能将其完全剪除，因为人生的许多课题仅用理性是很难解析的，必须借助于宗教的力量。譬如：

一，当人们面对光怪陆离，变幻莫测的自然、社会、人生之时，禁不住产生一种渺小自卑，无能为力的感受，本能的期望与某种神秘的力量发生联系来应付这一切，以求得心理上的平衡和情绪上的稳定。这种神秘的力量只能于宗教中去寻找。

二，人生有许许多多的愿望和欲求，如金榜题名、升官发财、子孙兴旺、人寿年丰、驱灾避邪、逢凶化吉等，有的欲望甚至是与社会的道德规范格格不入的，如损人钱财、陷人于灾等等。这些欲求和愿望往往造成一种心理压迫，使人们陷入烦躁和焦虑之中，由此而急切地需要某种安抚来解除这种心理上的压迫。此安抚也只能是宗教的。

三，当社会进入文明时代之后，人们受到越来越多的道德规范、行为准则的约束，这固然是社会发展进步的主要标志，但对人的个性却是一种很大的束缚，使人们产生出一种被异化、被压抑的感受，往往于无形之中被一种原始的、本能的焦灼冲动所折磨，需要通过某种途径将其释放和宣泄，这种途径也只可能由宗教来提供。

四，在人生的旅途上，时常会遇上诸如科举落榜、官场失意、国破家败、丧妻亡子、疾病缠身之类的挫折和打击，有时甚至会遇上战乱、瘟疫、地震等大灾难的袭击，于人们的心灵上留下巨大的创伤。此刻，往往只有沉湎于宗教之中，才可求得精神上的解脱。

综上可见，一方面，民族的传统理性规定了新的精神支柱的建构不可能倒向纯宗教的；另一方面，人生中的许多课题又非宗教来解析不可，特别是魏晋南北朝这样一个社会动荡，死亡迭出，灾祸频起的时代，宗教就更有其存在的理由。所以，三教互补理论模式就成了一种理想的精神支柱，换言之，儒、道、佛三者于当时都有其生存的合理性。

儒家重视现实，重人事，重社会的功能、秩序，重入世建功立业、干进求禄，所以要想协调个人与社会的关系，建立一种共同的价值、符号、模式，从而使个体有一个安全点，个体的价值有地方得到确立，进而消除生命恐惧，名教礼法是绝对不可丢失的。所以无论葛洪也好、张湛也好，都把儒学思想作为他们重建模式中的一个极为重要的部分。

道教对于人生归宿问题的解答虽然并不十分尽如人意，但它强调人生的享乐，现世的纵情，且有长生之术、登仙之方，比较适合国人民族文化心理的需要，况且此教以道家学说为依托，道家的学说思想是其重要组成部分，人们可以此来超凡脱俗，逍遥神游，求得精神上的充实和超越。所以，对于养尊处优的名士阶层来说具有十分强大的吸引力，当然也不能抛弃。

佛教虽然来自异国他邦且其许多教义与国人的文化心理形成强烈的对抗，但它比较圆满地解决了我国固有文化难以解决的课题——人生的归宿问题，从而稀释或消除了人们对于死亡的恐惧，人们自然爱不释手。同时其教之中所蕴含的抽象的思辨，深邃的哲理对于注重精神享受的名士来说，同样具有强大的吸引力①，即宗炳所言的"味佛法以养神"②。所以在重建的新的精神支柱之中自然要肯定它的一席之地。

三教互补理论模式是在天人感应神学权威思想崩溃之后，魏晋士大夫经过长期探索、试验、总结、发展的产物。它的出现，既调和了人与社会的关系，又比较成功地解答了人们的主要精神现象（如生死问题、人格问题、精神享受问题等），所以长期压抑在人们心头的迷惘、困惑、痛苦、焦虑基本被遣除。作为一种新的权威思想，其基本框架应该说已经具备。兹后的三教互补、三教合流直至宋代理学的诞生，只是这种理论模式的不断深化和完善，其基本范围并未超出这个模式。

---

① 王羲之的表现具有代表性，他本出生于信奉道教的世家，个人的宗教信仰亦为道教，但对佛学的抽象思辨和深邃哲理亦倾心钦羡，他在致支道林的一封信中把这一心情表露得淋漓尽致："省示，知足下奉法转到胜理极此。此故荡涤尘垢，研遣滞虑，可谓尽矣，无以复加。漆园比之，殊诞漫如下言也。吾所奉设教意政同，但为形迹小异耳。方欲尽心此事，所以重增辞世之笃。今虽形系于俗，诚心终日，常在于此，足下试观其终。"（《全晋文》卷二十五王羲之《杂帖》）（关于此信所致对象是根据《中国美学史》的推断，见其第 2 卷第 416 页）。

② 宗炳：《明佛论》见《弘明集》卷二，第 14 页。

余　论

　　细心的读者大概已经发现，本书"导论"部分提出的那个"权威思想"，实际上是我的魏晋风度研究中的一个十分重要的理论基石，书中的许多结论，其中包括魏晋风度的定义，都是从这个理论出发而得出来的。因此，在结束本书之前，有必要对"权威思想"的理论作一详细的解说。

　　所谓权威思想，就是能够赋予人们共同的信仰、价值、符号、模式，指导人们行为，主宰人们心灵的思想。它既是联系个体与社会、人类与自然、自身与他人、精神与肉体的纽带，亦是稳定人们情绪，平衡人们心理的主要工具。因此，它必须具备如下特质。

　　一，能够对自然、人类、社会、人生等重大课题做出令人信服的解说，使人与自然（禾、神）、人与社会、人与人、肉与灵之间的关系处于一种较为和谐的状态。

　　二，能够从理论上解决人们精神上的不可遏制的需求，并为人们排除心头的迷惑和不堪忍受的焦虑提供一条行之有效的途径。

　　三，必须有一个神圣的、超验的、终极的、具有象征意义的东西作为其理论体系的核心。

　　权威思想的产生是历史的必然，但以何种面目出现，则取决于不同的文化背景。如果就中西比较而言，前者是由世俗的统治思想——天人感应神学、程朱理学——抛头露面，而后者则是由神圣的宗教——基督教——来充当的。

　　由炎黄子孙的肯定感性、注重经验的思维定式所决定，在东方的黄土地上是不可能产生出神圣的宗教观念的。即便是面对着至高无上的"天",炎黄子孙虽有几分诚惶诚恐,但也难以产生出西方人面对上帝时的那种情感。因为在中国人的眼中,天并不只是一种悠远神秘、莫测高深的神圣领域,同时它还具有可以观察、认识、利用的一面,所以,中国的天不可能像西方的上帝一样,完全成为一个神圣的、超验的、终极的抽象概念。由中国人塑造出来的神仙世界则更加世俗化,山神、河神、灶神、门神、财神、谷神、土地、城隍,甚至孔子、老子、鲁班、关羽等,完全是根据人们世俗的需要而塑造出来的。人们对各种神仙的顶礼膜拜,并非出于某种神圣的宗教信仰,而是为了满足某种世俗的需求。如想发财便为赵公元帅烧香,想得子便给观音娘娘叩头,想风调雨顺、合家平安便在土地爷的身上涂金抹粉等,诸如此类,不胜枚举。正是炎黄子孙的这种宗教观念的世俗化、功利化,使黄土地上的宗教不可能像西方的基督教那样建立一个成熟的、完备的理论体系,因此也就不可能全面地发挥宗教的作用。

按照美国人类学家基辛的观点,宗教应具有三个作用:

> 宗教首要的第一个作用是能够解释。宗教能回答现存的问题:即世界是怎么发生的,人类和自然物种及自然力如何发生关系,人类为什么会死,为什么有成有败等等。
>
> 第二,宗教具有证明和支持的作用。宗教设定宇宙中的控制力,从而维持了一个民族的道德和社会秩序。祖先、精灵或神均能强化规章制度的遵守并为人类行为提供理由和意义。
>
> 第三,宗教强化了人类应付人生问题的能力,这些问题即死亡、疾病、饥荒、洪水、失败等等。在遭逢悲剧、焦虑和危机之时,宗教可以抚慰人类的心理,给予安全感和生命意义……此外,宗教也增加了共有经验和社会沟通的深度。①

---

① 《当代文化人类学概要》中译本,浙江人民出版社1986年版,第51、216页。

考察一下我国的宗教，是很难承担起这些作用的，其中尤其是第二个作用。无论是土生土长的道教，还是中国化的佛教——禅宗，在如何协调个体与社会、自身与他人的关系上，也就是说，在如何维持一个民族的道德和社会秩序、强化规章制度的遵守并为人类行为提供理由和意义（即为人们提供一个共同的信仰、价值、符号、模式、道德规范和行为准则）方面，其理论都显得十分的贫乏和肤浅，由此而不得不巴结、依赖积淀着民族理性的世俗儒学。总而言之，炎黄子孙特有的思维定式和传统理性，决定了华夏民族必然要以一种非宗教的、世俗的思想理论来解说人生的重大课题和种种关系。所以，华夏文化自原始宗教转化成为诸子百家的哲学思想之后，世俗文化遂牢固地占据了社会的精神领域。尽管东晋南北朝时，宗教的势力曾一度冲破世俗文化的一统天下而蓬勃发展，但最终也只不过是与世俗的儒家学说携手并肩，平分秋色而已（所谓的"三教互补"）。并且，至宋代理学诞生之时，这种平分秋色的局面也保不住了，宗教沦落成了统治思想的奴仆。简言之，在东方这块神奇的土地上，宗教从来就没有在精神领地中占据过主导地位，当然也就不可能充当权威思想了。

正是在宗教于黄土地上无法成为维系方式的前提下，世俗的统治思想——天人感应神学、程朱理学先后占据了权威思想的位置。这里需要指明的是，尽管权威思想与统治思想之间有着密切的关系，但却是两个不同的概念，所以我们不能在二者之间画上等号。

我们知道，统治思想是统治阶级意志的表现，是统治阶级为了维护自身的统治地位而强迫人们接受的行为模式和价值准则。当然，作为一种体系完备的统治思想，同权威思想一样，它也详细地解说宇宙、人类、社会、人生，论述沟通人与自然、人与社会、人与人、灵与肉之间的关系，也要赋予人们某种共同的信仰、价值、符号、模式，也能将社会稳定在一定的秩序范围之内。但是，统治思想毕竟是统治阶级意志的表现，由此决定它必然要以维护统治阶级的利益为基本出发点，必然的带有强制推行的色彩，所以很难征服人心。如果将它与权威思想进行比较的话，我们就会发现二者之间存在着一个明显的差异：前者是以庞大的国家机器作为后盾，具有强制色彩的权威，而后者是以占据人们心灵为主要特征，能为人们自觉接受的权威。换言之，前者只是一种强制的权威，而后者才是真正意义上的权威。可见统治思想与权威思想之间有着质的区别，不能予以混淆，这是问题的一面。另一面，强制的权威又有转化成为真正的权威的可能，并且具有相当大的转化优势。主要有以下几点。

一，社会的存在决定社会的意识。统治思想虽然是统治阶级意志的表现，是以维护统治阶级利益为核心内容的，但它毕竟是时代的产物。它的现实性决定它必然地要解决许多时代所急需解决的课题。在它所赋予人们的行为模式和价值准则中也必然会包含着一定的合理因素。

二，历史是现实的摇篮。任何统治思想的建构都必须凭借历史的砖瓦，都必然要与本民族的传统文化发生密切的联系，譬如传统的思维定式，文化心理结构，国家、家庭观念，等等，都会对统治思想的建构发生很大的影响。所以，任何统治思想的理论体系之中，都一定会蕴含着许多民族的理性和情感，易于被人们所接受。

三，尽管统治思想是统治阶级强加在人们头上的行为规范和价值准则，但在稳定社会秩序、联系个体与社会等方面也确能发挥巨大的作用，能够给人一种安全感。同时，由于统治阶级的大力鼓吹、宣扬、神化，其社会影响自然也就相当的广大，往往给人一种不可抗拒的威严感、神圣感。所以，经过长久的推行运用，有可能被人们视为一种合理的存在。

正是因为上述原因，所以中国古代的儒家学说能够两次（天人感应神学、理学）转化成为权威思想。不过需要强调的是，上述有利因素只是为统治思想转化成为权威思想提供了可能，而不是必然（如秦代的统治思想——法家思想，汉初的统治思想——黄老思想就没有发展成为权威思想，所以当它衰亡崩溃之时就没有导致普遍的迷惘、困惑和社会、道德反常现象的风靡一时）。强制的权威要想构成为真正的权威，还必须经过一次飞跃，即如何占据人们的心灵。实现此次飞跃的主要途径在于：解决人们精神上的不可遏制的需求；排除人们思想上的迷惘、困惑和不堪忍受的焦虑；寻找一个神圣的、超验的、终极的、具有象征意义的东西作为其理论体系的核心。

与华夏文明大异，西方世界在进入现代文明之前，是以宗教来作为维系方式的，在那里，宗教几乎是解释世界的唯一途径。用马克思的话说，"宗教是这个世界的总的理论，是它的包罗万象的纲领"①。人们通过它来理解宇宙、人类、社会、民族、历史、自我，通过它来解答人生的重大课题和种种关系，故人们具有浓厚而强烈的宗教观念。正是在这种文化背景之下，神圣的基督教曾在西方的传统社会中充当了权威思想。

当然，除了文化背景之外，基督教之所以能够充当西方传统社会的权威思想，与它本身的素质也有着极其密切的关系。作为世界三大宗教之一的基督教，在其长期的发展过程中，逐步形成了一套囊括宇宙、社会、人生、包罗万象的完备精深的理论体系，由此而产生了基辛所言的能够解释的作用，证明、支持的作用，强化了人类应付人生问题的能力。与华夏土地上的功利化、世俗化的宗教不同，基督教具有更多的超然性、神圣性。它多从伦理道德的角度来阐发自己的教义，在人们心中建立起正义与邪恶，高贵与卑贱，上帝与恶魔，真、善、美与假、恶、丑等是非观念，以此来协调人与神、人与社会、人与人、灵与肉的关系，排除人们的死亡恐惧和精神上的焦虑不安。同时，由于它有一个神圣的、超验的、终极的、具有象征意义的东西——上帝来作为其理论体系的核心，所以容易深入人心，进而在稳定人们情绪，平衡人们心理方面发挥巨大的作用。总之，基督教凭借它的包罗万象、完备精深的思想理论，赋予

---

① 《马克思恩格斯选集》第 1 卷，人民出版社 1973 年版，第 1 页。

了人们共同的信仰、价值观念、道德准则和行为方式。由此可见，在基督教的理系体系之中，已经具备了权威思想的基本要素。

当权威思想是以宗教的面目出现时，必须具有两个先决条件才能维持它的生存。一是人们的文化心理结构必须是宗教型的，也就是说，人们必须普遍地存在着浓厚的宗教意识，将宗教视为主要精神支柱。二是社会必须还处在一个文明程度不太高，科学技术不太发达的发展阶段。只有这样，上帝才会具有至高无上的地位，宗教才会产生出神圣的光圈，才能占据人们的心灵。所以，当西方社会迈进科学技术发达，交通条件便利，各种信息迅速传播的工业文明之后，神圣的基督教文化便走上了衰败的历程，导致了上帝的死亡。

尼采所言的"上帝死了"，实际上是意味着社会纽带的断裂、人的孤立和西方传统社会的权威思想——基督教文化的崩溃。所以西方人变得烦躁焦虑、恐惧不安起来，带来了社会、道德反常现象的蔓延风行。因此，迫使许多学者开始了文化重建的探讨。正因为西方传统社会的权威思想是由宗教来充当的，所以，当他们着手探讨文化重建（权威思想是文化的深层和核心内容）之时，首先想到的就是宗教。美国社会学家丹尼尔·贝尔说：

> 尽管现代文化处于混乱之中，我们仍能期待某种宗教答案出现。
>
> 当传统机构变得僵化而又暴虐，各种相互矛盾的信仰争吵令人不堪忍受时，人们就会去寻找新的答案。而宗教，由于它在生存的最深层次寻找生活的意义，这时便成了最先进的反应。[①]

[①] 《资本主义文化矛盾》中译本，生活·读书·新知三联书店1989年版，第221—222页。

由于在西方历史上，文化曾经与宗教融为一体，所以，西方学者往往将文化的重建与宗教的复兴相提并论：

> 我对宗教的关注与我称作文化的合成性有关：问题倒转回去便是人类生存的难题，人对自身能力有限的痛楚认识（超出这限度就是"出埃及"），以及因此产生的，要寻求合理连贯解释的努力，以便同人类的实际状况实行妥协。由于宗教接触到人的意识源泉的最深处，我相信，将有一种意识到人生局限的文化，在某个时刻，重新回到对神圣意义的发掘上来。①

不过，他们所言的宗教已不是神学家们口中的宗教了，而是指文化的最根本特性，指人们精神世界的一种支柱，指社会纽带：

> 它（宗教）是人类意识的一个组成部分，是对生存"总秩序"及其模式的认知追求；是对建立仪式并使得那些概念神圣化的感情渴望；是与别人建立联系，或同一套将要对自我确立超验反应的意义发生关系的基本需要；以及当人面对痛苦和死亡的定局时必不可少的生存观念②。

西方学者的这种将文化的重建（其核心是权威思想的重建）寄托于宗教的复兴转化的设想，与中国现代新儒家将中国文化的重建寄托于儒学的复兴转化之上一样，都是由各自不同的传统文化背景所决定的。不过，在一个科技发达、交通便利、信息交流迅速的现代社会，上帝是否能够复活？宗教能否再度成为社会纽带了倒是一件值得大可怀疑的事情。当然，中国的儒学也不可能第三次充当权威思想（第一次是西汉的天人感应神学，第二次是宋代的程朱理

---

① 《资本主义文化矛盾》中译本，生活·读书·新知三联书店1989年版，第40页。
② 同上书，第221页。

学），而只能作为传统文化中的一个重要元素融入新的重建之中。

权威思想的产生需要一个长期的过程（因为它不同于经济制度、政治秩序，不能靠国家机器，靠政权的力量来强制推行，它必须建立在人们自觉的选择之上），不过，一旦它产生出来，就会进入一个相当长时期的稳定状态。在这一相当长的时期内，尽管还会产生出许多形形色色的思想，但都难以撼动它在思想领域中的主导地位。因为这个权威是历史长期的选择，是文化的深层和核心，是社会结构的中心带。它的理论和特质赋予了它极强的生命力。这极强的生命力一方面维护了文化的稳定性，支撑着人们的精神世界，进而使社会在一个有序的环境中得到发展；而另一方面却容易转化成为压制、摧残、禁锢其他思想的资本，由此而导致思想领域的强权和文化方面的专制，成为禁锢人们的头脑、束缚人们的手脚、扼杀泯灭人们个性的工具和专制政权的得力帮凶，对人和社会的发展带来副作用。说明权威思想同国家机器一样，也具有正反两方面的属性，这是我们在肯定权威思想的同时，应该予以特别注意的一个问题。

即便是最权威的东西，它也只可能是历史的，无论任何一种权威思想，同样逃脱不了发生、发展、衰亡这一普遍规律。权威思想的衰败崩溃，主要由两种原因而造成。一是当社会的存在出现了许多足以撼动已有的价值观念、行为模式、道德准则等新的课题，而已存在着的权威思想对这些新的课题又应对无方，茫然不知所措，也就是说已有的权威思想中缺乏更新的机制，那么，这一权威也就要寿终正寝了，天人感应神学的崩溃属于这一原因。二是社会的变革，当旧的经济基础、统治秩序、社会结构成为历史之后，植根于这个基础之上的思想意识形态也必然会崩溃瓦解。所以，西方现代文明的出现，导致了基督教文化的衰亡；而中国的辛亥革命将皇帝的宝座打碎之后，程朱理学也就逐渐衰落。

作为一种权威思想的崩溃瓦解，后果是十分严重的。它不同于一般的社会动乱、宫廷政变、改朝换代，这些外部秩序的混乱虽然也会对社会和人的心理造成一定的影响，但由于它很少涉及社会结构的中心带——价值、信仰、道德观念、行为准则等，社会的文化基础仍处于稳定状态，所以人们在精神上还不会产生虚无的感受，生活也不会导向空虚和无意义。只要外部秩序一旦从混乱转入有序，社会生活就能随之而迈进正常的轨道。权威思想则不然，它不是某种局部的颓毁衰坏，而是整个价值体系、道德准则和行为模式的总崩溃，是整个文化基础的动摇和失序。人与自然、与社会、与传统、与他人之间的联系纽带飘逝而去，固有的价值、信仰、符号、模式也随之而化为乌有，人们变得异常的孤独、虚无。犹如漆黑之夜乘一叶小舟漂泊于浩瀚的汪洋之上，没有同伙，没有方向，紧张与烦恼，恐惧和焦虑一齐袭来，迫使人们毫无目标、没有休止地行动、宣泄、奔忙，企图通过某些疯狂的活动来掩盖、忘却内心的空虚和焦虑，由此而导致社会、道德反常行为的弥漫风行。

权威思想的崩溃之所以造成如此严重的社会后果，其原因在于以下几点。

一，每个人自诞生之日起，就在一定的文化氛围和规范秩序中生活、成长，从很小的时候开始，周围的人便告诉他什么是好，什么是坏；何谓崇高，何谓罪恶；什么事情能干，什么事情不能做；如何对待天地鬼神，怎样交往各类人员和处理各种关系。长期地耳濡目染，养成了人们对价值信仰、秩序规范的尊重和依赖。只有同一定的信仰、价值、规范秩序发生联系，人们心中才会稳定踏实，手足才会举止自如。

二，人是一种社会化的群体，任何人都不可能与世隔绝而孤独地生存，都要同他人发生诸如血缘、隶属、交换、买卖、友谊、互助、情感交流、精神安抚、知识授受等方面的联系。这种种联系必然需要一种公认的原则标准、规范模式来作为联系的纽带。当这种公认的原则标准、规范模式一旦崩溃瓦解，人们就会混乱不堪，惊慌失措。

三，人的自我意识将自身从自然、社会中独立出来，同时也将自身放到了与自然、社会相对立的位置上，在变幻莫测、硕大无比的自然和社会面前，人们禁不住产生出一种深刻的自卑、孤独、渺小的感受。因此，人们迫切地需要某种"从属"。只有将自身置于一种具有共同的价值观念、道德准则、行为规范的群体之中并成为其中的一员时，才能获得一种踏实感和安全感，才会领会到生命的意义和价值，才不至于被生的烦恼和死的恐惧压垮、摧毁。

四，人是万物之灵，具有高度的思维能力，这就决定了人不仅仅具有诸如饮食男女、昼动夜眠等生理方面的强烈需要，而且还具有精神性的、超乎自然和超越自我的关切和需求。人们需要一种思想理论来解说生活的目的、人生的意义、生命的价值，解说宇宙的本源、存在的终极以及人与它们和谐一致的途径。需要一种精神上的支柱来应付人生旅途上的种种逆流难关，坚定其生活的信念和勇气。如果精神上一旦失去了支柱，生活也就失去了目标，变得毫无意义。人们将会因"空虚的恐惧"而陷入极度的焦虑不安之中。

总而言之，人们由于自身的属性所决定，迫切地需要同一定的信仰、价值、符号、模式发生密切的联系，需要一种思想理论来作为道德行为的依据和精神世界的支柱，而权威思想正好充当了这一角色。因为它不仅能够赋予人们共同的信仰、价值、符号、模式，指导人们的行为，主宰人们的心灵，而且还是联系个体与社会、人类与自然、自身与他人、灵魂与肉体的纽带，稳定人们情绪，平衡人们的心理的主要工具，是文化的深层和核心，社会结构的中心带，所以，权威思想的崩溃瓦解，必然要导致人们精神上的迷惑和混乱，必然陷入不堪忍受的痛苦之中，随之而至的必然是对重建的思考和探索。

中国的皇帝倒了，西方的上帝死了，它们的倒与死不仅标志着传统社会结构的解体，同时也标志着儒家文化和基督教文化的失灵。所以，无论中国还是西方，目前都承受着一个极其艰巨的历史重任，即文化的重新建构。作为文化的深层和核心，权威思想的重建无疑是文化重建中的首要任务。所以，这里想结合中古时代权威思想重建的经验启示来探索一下如何进行新的权威思想的重建。

一，重建必须面对现实，抓住人们人格上的不可遏制的需求和不堪忍受的焦虑予以理论上的解决，这是由权威思想必须具有的特性和作用所决定的。作为一种权威思想，它必须赋予人们一种共同的价值观念、道德准则和行为模式，必须占据人们的心灵，成为人们的精神支柱，必须在稳定人们的情绪、指导人们的行为方面发挥出巨大的作用。因此，重建如果不是立足于现实的土壤之上从理论上解决人们人格上的不可遏制的需求和不堪忍受的焦虑，人们就不会从迷惘、苦恼之中解脱出来，任何高深的理论和漂亮的学术都难以打动人心，都会被人们束之高阁。魏晋时期尽管不乏其人去鼓吹儒家经学，却遭到社会的冷遇就是明显的例证。而玄学之所以风靡一时，具有旺盛的生命力，其关键就在于它抓住了由人的觉醒而产生出来的各种重大问题不断地进行理论上的探索，最后终于蔚为大观，构成了新的权威思想的基本框架。

面对现实还有另外一层意思，即重建的理论模式必须以现实社会为出发点，主观构想与客观现实不能脱节，不能处于对立的位置，同时也不能陷入没有现实条件作为根基的空想。一句话，理论与实际要协调一致，否则就不可能成立。当然，于权威思想之中适当地融进一些理想的成分，对于人生目标的确定，伦理道德的建设具有一定的积极作用，但如果理想的色彩太浓，完全不顾社会现实的存在，就会成为一种虚无缥缈的空想，最终将会被人们所抛弃。因为作为人来说，都是一种现实的、社会的人，不可能完全超凡脱俗，终身待在理想的精神世界之中逍遥遨游。阮籍、嵇康等人所建构的"越名教而任自然"的理论模式，虽然也抓住了"人"这个重建的主体，但由于它脱离社会的现实，理想的色彩太浓，虽于当时曾产生过重大的影响，但最终仍难免于破产的命运。

这里有一点需要提出来予以说明的是：有的东西表面上看去好像是脱离现实的虚构或空想，但实际上却是对现实问题的解答。如宗教文化中的极乐世界、彼岸天堂之类，毋庸置疑，完全是一种唯心主义的虚构，但它却又具有现实的意义，因为它解答了长久困惑人们的人生归宿问题，从而稀释、淡化了人们对于死亡的恐惧感，起着一种稳定人们情绪的作用。所以它千百年来广为社会所接受，成为一种合理的存在。

二，重建不能割断历史，全盘否定传统，而是要做好传统文化的转化工作。因为，历史并不是一个空洞的概念，它与辉煌的文明、秀丽的山河、生命的源头、不尽的思念以及人们头脑中的种种记忆等紧密地联系在一起，由此而赋予人们一种"剪不断，理还乱"的情感。经验同样是一种历史的东西，但经验能为人们提供生活的方式，提供处理各种事物、各种关系的方法，使人们产生一种稳定感。此外，还有一个更为重要的原因：人本身就是历史传统的产物，人们的文化心理结构、文化素养、思维方式等，都是由一个民族的历史长期积淀的结果。所以，如果我们完全割断历史、全盘否定传统的话，留给人们的将是一无所有的空白，必然会造成更大的焦虑和混乱，以及未来的那种最终的虚无感。实际上，人们于重建中所采用的思维模式和解决问题的方法都不可避免地打上了传统的印迹。所以，完全割断历史，全盘否定传统也是不可能的。另外，传统文化在重建之中并不都是包袱，若转化得当，将是一笔难得的财富。S. 南达在《文化人类学》中认为："发明有赖于对已有文化元素的重新组合，因此，一个文化中的已有元素愈多，发明就愈加丰富多样。"（这里的"发明"与"重建"同义。S. 南达对其"发明"作有这样的定义：发明"是把现有文化元素结合起来，形成一种崭新的事物"。）从玄学到理学的发展证明南达的见解是准确的。天人感应神学崩溃之后，士大夫们便转向传统文化之中寻找，开发重建的资源，道本儒末、内圣外王、三教互补、三教合流、理学等重建理论模式，都是对已有的文化元素的一种重新组合（虽然其中有的模式也部分地融进了外来文化——佛教的元素，但传统的固有文化元素是其重新组合的主体）。如果将本民族的固有文化元素予以全盘否定的话，其重建的成本将是难以想象的，或者说是根本不可能的。

三，重建要善于吸收外来文化。因为不管多么丰富的民族文化，都不可能尽善尽美，都会存在一些它所难以解决的课题。因此，在同外来文化的接触之中要善于吸收其有用的文化元素以求得难题的解决。魏晋至宋的重建如果不吸收外来的佛教文化，就难以出现完善的结果。不过对于外来文化也不能全盘照搬，如南达所说："只有异域文化元素在某些方面表现出有可借用的价值，借用外来文化元素才能产生。"佛教之所以能在魏晋以降的重建之中被吸收进来，其主要原因就在于它帮助解决了本民族文化难以解决的课题——人的归宿问题。当然，佛教文化被引进到重建的理论模式之后，它并非仅仅只是对解决人生的归宿问题做出了贡献，而是对整个重建都起着一种积极的促进作用，如抽象思辨能力的发展，特别是依靠伦理道德的力量来协调统一人与社会关系这一重要理论的发展在很大程度上都得益于对佛教的吸收。不过，"被借用的元素一旦得到采用，就可能起很大的变化，直至渗透到已存的文化模式之中去"。佛教地融入重建的理论模式之中后，与它本来的面目有很大的差异，也就是说，它逐渐地被中国化了，衍化成了汉民族文化的一个重要元素。

四，重建是一项系统工程，需要长时期的不懈努力。因为一种权威思想的建构，不同于一般学术的研究探索，它所应具有的特性（为人们建立起一种世界观、价值观、道德准则，行为规范和精神支柱）和它应担负的重任（和谐个体与社会、人与自然、人与人、灵与肉之间的关系，稳定人们的情绪，消除人们由精神空虚而产生的焦虑，等等），决定了它的体系的庞大和复杂，而这种庞大而复杂的体系又是密不可分的。所以，重建必须是整个体系的建构。任何单方面的努力都难以完成这项艰巨的工程。同时，任何一个重建的理论模式，都是建构者本人根据自己的思想、学识、个性和所处的社会环境等因素而设计出来的，往往带有局限性，这就需要不断地修改和完善，其中特别是主观与客观的统一，即由知识分子主观设计出来的理论模式能否为社会所接纳,能否发挥出权威思想所应具有的巨大作用,这将是一个长时间的探索。所以,重建不可能一蹴而就,往往需要数代人的不懈努力,中古时代的重建过程就是一个很好的说明。从曹魏正始年代"道本儒末"第一个重建理论模式的提出到宋代程朱理学的形成致使权威思想的最后定型,其间经过了近千年的不断探索和努力。

五,知识分子是重建的主力军。因为权威思想的建构不同于一般的物质建设,也不同于政权机构的建设,而是一种高深复杂的精神工程,不具备相当的文化知识,是难以承担起这种艰巨的任务的。而知识分子之所以能成为重建的主力军,其原因还在于,他们是精英文化(相对于俗文化而言,是文化的主体,处于支配地位)的继承者和传播者,对于文化的关注往往置于对社会的关注之上,对于文化失调的感受最为敏感和深刻,其焦虑和痛苦的程度最为强烈,自然,其重建的心情也就最为迫切。正由于知识分子把对文化的关注置于对社会的关注之上,所以较少受到世俗社会的束缚,能够在重建方面进行冷静深刻的思考。同时,他们还具有较为优越的社会地位,从而使他们有充足的时间和精力来从事这项工程建设。所以说,只有知识分子才具有建构权威思想的素质和条件。纵观中古时代的重建过程,也可以证实这一判断。何晏、王弼、阮籍、嵇康、向秀、郭象、葛洪、张湛、韩愈、李翱、周敦颐、张载、程颢、程颐、朱熹等等,无一不是学富五车的大儒,从"道本儒末"到宋代理学,任何一种重建的理论模式莫不是由这批知识渊博的大学者设计出来的。

最后需要说明的是:本文的重点在于探讨汉末魏晋时期的士大夫在权威思想的崩溃与重建过程中的迷惘、焦虑的心态以及他们所起的历史作用。虽然文中对唐宋思想的发展也作有一些简略的叙述,但仅是为论述魏晋士人的重建而服务。至于唐宋思想的体系和内容,非本文的主题,只好存而不论,以俟另文展开了。

后　记

　　一九八七年二月，我考入厦门大学历史系，于韩国磐教授门下求学问道，攻读博士学位，专业方向是隋唐五代史。

　　厦门大学依山傍海，风景美丽如画，能给人许多的欣喜和快慰。然而，当我置身其中之后，逐渐发现这如画风景中的厦大人却生活得并不那么轻松、惬意，于其眼神之中，常可见到些令人不安的迷惘和焦虑。

　　后来，由于学术活动等原因，使我有机会先后到过桂林、贵阳、昆明、武汉、南京、上海、北京等地，我强烈地感受到，现代人的焦虑和困惑，已在古老的黄土地上蔓延开来。人们普遍的牢骚满腹，烦躁不安。侃大山、搓麻将、练气功、吟"囚歌"、喊"西北风"、跳迪斯科……由此，使我想到了辛亥革命前后的知识分子的心态和举止，想到了"上帝死了"之后西方人的苦闷和迷惘，想到了汉末魏晋时代的士大夫们的独特风姿。

　　于是，一股前所未有的强烈冲动从心底迸发出来，不舍昼夜地压迫、折磨着我，令我寝不安卧，食不甘味。

　　经过数日的"炼狱"，这本《魏晋风度研究》的基本框架和主要观点于脑海中逐渐地显现出来了。怀着几分忐忑，我找到导师，请求将专业方向由隋唐五代史改为魏晋南北朝史，韩国磐师宽容地同意了我的请求。

　　一九八八年十一月，我因查阅资料来到北京，遂冒昧地闯进了中国社会科学出版社哲学室，苏晓离先生接待了我这个不速之客。初次见面，我也不问其愿意与否，就跟他大侃本书的基本框架和观点。大约侃到一刻钟，晓离先生说："你稍等一下，我觉得你的选题不错，但我是负责编辑西方哲学的，待我去叫一位负责中国哲学的编辑来听听。"于是，我认识了王生平先生。

我的夸夸其谈前后进行了大约一个小时，而王、苏二位先生却始终充满热情，有时还提一些问题让我解答，引导我将思考向深层推进，这是我永远难以忘怀的。

在拙稿的写作期间，韩国磐师花费了大量心血，先后两次审阅全稿，指正的地方甚多。拙稿作为博士学位论文打印出来之后，曾得到李泽厚、缪钺等先生的指教，受益匪浅。在这本小册子的出版过程中，王生平和苏晓离先生给予了许多无私的帮助。于此，谨一并致以我衷心的谢意。顺便值得提及的是，风闻拙作油印稿已在某学校当作教材，自是喜不自胜，作文如有微末影响，作为作者岂能不怦然心动？

是为记。

马良怀

一九九二年十月五日